# 부동산 투자의 오해와 진실

# 부동산 투자의 오해와 진실

저　　자　김현영

저작권자　김현영

1판 1쇄 발행　2020년 12월 31일

발 행 처　하움출판사
발 행 인　문현광
교　　정　윤혜원
편　　집　유별리
주　　소　전라북도 군산시 수송로 315 MJ빌딩 3층 하움출판사
I S B N　979-11-6440-732-3

홈페이지　http://haum.kr/
이 메 일　haum1000@naver.com

좋은 책을 만들겠습니다.
하움출판사는 독자 여러분의 의견에 항상 귀 기울이고 있습니다.

# 부동산 투자의
# 오해와 진실

# 머리말

"노란 숲속에 두 갈래 길이 있었습니다. 나는 두 길을 다 가지 못하는 것을 안타까워하며 오랫동안 서서 한 길이 굽어 꺾어 내려간 데까지 바라다볼 수 있는 데까지 멀리 바라다보았습니다. 그리고 똑같이 아름다운 다른 길을 택했습니다. 그 길에는 풀이 더 있고 사람들이 걸은 자취가 적어 아마 더 걸어야 할 길이라고 나는 생각했던 게지요. 그 길을 걷다 보면, 그 길도 거의 같아질 것이지만 …… 오랜 세월이 지난 후 나는 어디에선가 한숨을 지으면서 이야기할 것입니다. 숲속에는 두 갈래 길이 있었다고, 나는 사람이 적게 간 길을 택하였다고, 그리고 그것 때문에 모든 것이 달라졌다고."

이 시는 미국의 계관桂冠시인 로버트 프로스트Robert Frost, 1874~1963의 '가지 않는 길'이다. 필자는 20여 년간 부동산과 관련된 여러 분야를 경험하면서 투자에 대한 확실한 주관을 가지게 되었다. 부동산 시장에서 실제 투자로 성공하는 투자자는 극히 소수이고, 다수의 투자자는 왜 투자로 만족 못 하는지 깊은 생각에 빠지기도 하였다.

모 경제신문 인터넷에 부동산 투자에 대해 글을 투고하여 매회 높은 회독 수를 기록해서 이 내용을 예비 투자자들, 부동산 투자

저低소득자들이 진정眞正 고소득을 올릴 수 있는 길로 안내하기 위하여 원고를 채웠다.

1년이면 이 세상에 햇빛을 보리라 하였으나, 그렇게 녹록지 않음을 깨달았다. 필자의 시간 부족과 독자들에게 반드시 알려야 할 메시지를 정리하다 보니 계획보다 더 시간이 흐른 뒤, 독자들 곁으로 갈 수 있게 되었다.

일부지만, 저자 또는 명강사들의 강의 및 책은 곳곳에 자신들이 경험하지 못한 타인의 삶을 마치 자기 것인 양 말하기도 한다. 우리가 매우 주의해야 할 것은 인터넷 카페 후기 글, 오프라인 강사들의 유혹적인 언어, 그리고 주변 사람들이 흘리는 검증되지 않은 말들이다. "이곳에 투자하면 원금의 몇 배가 오른다." 또는 "투자로 몇십억, 몇백억을 벌었다."라는 말에 현혹되지 말아야 한다. 투자로 고소득을 원한다면 위와 같이 과정이 생략된 투자 행위는 매우 위험하므로 과정이 충실한 투자를 해야 한다.

이 책 속에는 진정 고소득자들과 저소득자들의 모습이 많이 녹아 있다.

이 책은 투자를 처음 할 때 본인들의 노력으로 소득을 올릴 것으로 작정하였으나 떠돌아다니는 거짓 정보의 유혹을 못 이겨 그르친 투자자들, 투자의 기본 개념이 부족한 예비 투자자들이 시중에 떠도는 거짓 정보로 세월을 낭비하지 않고 도움이 되도록 하였다.

투자로 쉽게 돈을 벌려는 얄팍한 생각을 갖지 않는다면 투자자들이 목표한 부富를 빨리 달성할 수 있게끔 글을 썼고, 독자들이 글을 읽고 가까운 시일 내에 부富를 달성할 수 있도록 이 글에 혼신을 쏟아 부었다.

더불어, 이미 우리 사회에 매우 뿌리 깊게 인식이 된 부동산 투자는 미래 지향적인 가치를 확보함과 동시에 다른 어떤 투자보다 위험이 적은 무형적 가치를 지녔기에 투자 수익이 매우 클 수밖에 없다.

필자는 이를 주제로 하여 책의 문장을 구성하였다.
1부: 1~2장은 투자의 주체인 땅을 이해하고, 투자에 도움이 되는 기초 부분을 간략하게 소개를 하였다.
2부: 3~7장은 이 책의 핵심인 본론으로 필자가 독자들에게 소개하는 글이고,
3부: 8~18장은 일반적인 내용으로 부동산 투자자들이 선택할 수 있는 분야별로 이 책을 구성하였다.

큰 물고기는 얕고 맑은 물에서 살지 않는다. 위험으로부터 자신을 보호할 수 있는 깊은 물, 물속의 수초, 은폐물, 흙탕물이 있는 곳에서 산다.

정부에서 부동산 시장이 안정 국면에 접어들면 특별한 사유가 없는 한 정책을 자주 발표하지 않으므로 투자의 기회가 줄어든다.

그러나 빈번한 정책 발표로 부동산 시장이 혼란과 충격에 빠지면 혼선으로 흙탕물이 생기는데, 이러한 기회가 투자 시점이다.

첫 단락에서 인용한 프로스트의 '가지 않는 길'에서 남들이 간 길로 가는 것은 편안한 길로 누구에게나 쉽다. 그러나 그것은 순간일 뿐 실로 경쟁이 많은 곳이고 약자들을 노리는 야수野獸들이 많은 곳이다. 한 투자자의 인생을 바꿀 수 있는 길은 남들이 덜 다닌 길, 남들이 가지 않으려고 피한 길이다. 한 송이 국화꽃을 피우기 위한 길은 결국에, 훗날 한 인생의 모습을 바꾸는 지름길이 되어있을 것이다.

독자분들, 비록 지금은 미래가 불확실하고 불안하지만, 훗날에는 모두 진정 고소득자가 되어있는 모습을 생각하며 필자는 이 글을 멈춥니다.

이 책이 출간되기까지 많은 채찍질이 있었습니다.

그분들의 노고와 헌신에 감사드립니다.

*If you born poor, it's not your mistake.*
*But if you die poor, it's your mistake.*

*By. Bill Gates*

2020년 끝자락에서

# 목 차

부동산의 원천은 땅이다. 부동산 사업으로 부富를 창출해야 하는데, 부동산을 이해 못 할 경우에는 한계에 봉착할 수 있다. 부동산을 간략하게 이해하는 데 도움을 줄 수 있다면 독자, 투자자들이 투자하는 데 도움과 함께 긍정적인 마음을 가지리라 생각한다.

# 제1장

# 돌과 흙

    '땅'이란 글자가 언급된 곳은 구약성서舊約聖書이다. 성서聖書 창세기 1장 1절에 기록된 '시초始初에 하느님이 하늘과 땅을 창조創造하셨다. 땅은 아직 마르지 않고 아무것도 생기지 않았는데…….'라는 구절에 처음으로 '땅'이라는 단어가 등장한다. 같은 창세기 2장 1절에도 "여호와 하느님이 땅에 비를 내리지 아니하셨고 경작할 사람도 없었으므로 들에는 초목이 아직 없었고 밭에는 채소가 나지 아니하였으며 안개만이 땅에서 올라와 온 지면을 적셨다."라며 유일신神이 천지天地를 창조했다고 기록하고 있다.

    하지만 영국의 세계적인 물리학자 스티븐 호킹Stephen William Hawking 1942~2018 박사는 2010년 9월 미국의 물리학자 레너드 플로디노프Renerd Mlodinow와 함께 쓴 책 '거대한 디자인The Grand Design'에서 다음과 같이 주장한다. 미국의 조지 가모브George Gamow가 주장한 우주의 탄생기원誕生紀元으로 알려진 빅뱅Big Bang, 대폭발이론은 '어떤 초자연적超自然的인 존재나 신神의 개입이 아니라 무無의 상태에서 중력重力과 같은 물리학 법칙物理學 法則에 따라 우주宇宙가 자연스럽게 생겼다'고 말하며 중력의 법칙과 같은 물리학 법칙이 있기 때문에 우주는 무無로부터 스스로 창조됐다고 한다. 즉, "자발적 창조로부터 우주와 인간이 존재하게 되었다."라고 주장한다.

"빅뱅이 일어나고 우주가 팽창하기 위해 신을 끌어들일 필요는 없다."라며 창조론을 강하게 부정한다. 심지어 '우주가 혼돈混沌으로부터 창조됐을 리는 없으므로 우주가 신에 의해 설계됐을 것'이라고 주장하는 위대한 물리학자이자 성서 문학자인 아이작 뉴턴 Isaac Newton이 주장하는 유일신에 대한 믿음마저 부정한다.

첨예한 양극단을 두고 일부 국제 언론들은 '과학과 종교의 대충돌大衝突'이라고까지 표현한다. 어찌 됐든 창조론創造論과 진화론進化論의 격렬한 학문적 대토론의 논쟁은 앞으로도 지속될 것으로 보인다.

땅은 인간이 뿌리내리며 살아가는 삶의 터전이다. 땅 위에 터를 잡고 논밭을 일구고 경제 행위를 하며 살아간다. 땅은 생명이 태어나고, 살아가며 결국 죽는 곳이다. 인간뿐만 아니라 온갖 푸른 나무와 동물들 곤충들까지도 땅을 기반으로 하는 삶을 영위하다 인간처럼 죽는다. 즉, 만물은 땅과 불가분의 관계로 형성되어 있다.

태초太初에 존재하였던 땅의 의미는 인간의 출현과 함께 거듭된 진화의 과정에서 점점 복잡해지고 다원화되었다. 비, 바람, 추위, 더위 등을 피할 수 있는 가림막 생활을 출발점으로 생활 시설 또한 끊임없이 발달하였다.

인간의 내면에 잠복해 있던 소유욕, 정복욕도 같거나 다른 종족과 힘겨루기를 하면서 표출되었다. 더 넓은 영토를 확장하고자 하는 욕망은 다른 종족과의 투쟁도 불사하곤 했다. 싸움의 목적은 궁극적으로 넓은 땅을 차지하기 위한 수단이었다.

현대 사회도 국가 간 최첨단 무기를 내세워 서로를 견제하며, 정보 통신망을 통하여 고도의 정보화 싸움 속에서 보이지 않는 영토 확장에 버금가는 정보 전쟁이 빈번하게 일어나고 있다.

태초 누구의 소유도 아닌 유한한 땅은 인간에게 무엇과도 견줄 수 없는 행복과 기쁨을 선사한다.

다가올 미래에 땅은 일반보편적一般普遍的인 절대적 부를 상징하게 될 것이다. 한정적인 땅이 주는 욕구를 넘어서는 실체적인 다른 개념이 나타나지 않는 한 '땅'은 미래에도 인간에게 행복과 기쁨 그리고 부富를 선사하는 가장 큰 가치를 지니지 않을까?

# 땅이 넓어야 강대국이 된다

출처 : http://www.yjmap.co.kr

역사상 처음 등장한 나라로 기록된 고조선古朝鮮은 B.C. 2333년에 세워진 우리나라 최초의 국가이다. 고조선은 청동기 문화를 토대로 건립되었다. 현재 중국이 불법 점유하고 있는 요령성, 길림성, 흑룡강성인 동북3성東北3省과 한반도 서북 지역을 중심으로 여러 부족을 통합하며 생긴 광대한 지역에 위치하였다.

뒤이어 세워진 부여국이 고조선의 영토를 다스렸다. 5C경 고구려가 바로 뒤를 이어 지배하였고, 고구려 멸망 이후 잠시 당나라에 점거되었다가, 7C경에 다시 고구려 유민들이 세운 발해渤海의 영토로 편입됐다.

　이후, 거란이 발해를 멸망시키자 한반도 전체를 아우르는 영토를 차지한 고려가 거란을 내쫓고 잃어버린 영토를 회복하였다.

　더군다나 1909년 청나라와 일제日帝 사이에 조선을 배제한 불법 간도협약間島協約이 체결된 후 대륙과 연결된 북쪽 지역 땅이 압록강과 두만강을 경계로 획일화되면서 더 이상 북쪽 영토를 주장할 수 없도록 새로운 조선의 지형이 만들어졌다. 불행히도 그것은 식민지 조선과 청의 국경을 임의로 정한 밀실 협약이었다.

　역사서의 기록에 근거하면 조선 시대 당시 우리나라에는 녹둔도鹿屯島라는 섬이 존재하였다. 이 섬은 함경북도 경흥군의 두만강 하구에 있던 섬으로, 면적은 약 32㎢약 960만평에 이르렀다. 1860년 10월 청나라와 러시아가 맺은 베이징 조약으로 당시 우리 영토였던 연해주沿海洲를 러시아가 불법 점령하게 되는데, 계속된 퇴적작용으로 연해주에 붙어버린 녹둔도는 강제로 러시아에 병합되면서 편입되고 말았다.

　특히, 주목해야 할 사항은 현재 일본이 불법 점유하고 있는 대마도이다. 1444년 《세종실록지리지》에 의하면 우리의 옛 영토였던 대마도는 조선의 목마지牧馬地라고 기록되어 있다. 풀이 잘 자라 조선 목마지라고도 불리었고, 원래 신라의 땅면적 709㎢: 2억 1270만 평으로 서울 면적의 약 1.2배에 달한다. 바다 한가운데 있어 물살이 세고 접근이 쉽지 않았다. 우리 백성들의 왕래가 뜸해진 틈을 타 왜구倭寇들에 의해 불법 점거당하면서 그들의 소굴로 변하게 된 곳이다.

화가 김정호의 《대동여지도》와 임진왜란 당시 일본이 만든 《팔도총포》 등 많은 지도와 문헌에도 목마지는 조선의 영토로 표시되어 있다. 특히, 부산에서는 약 50㎞의 거리에 있어 목마지가 보이지만 일본에서는 132㎞나 멀리 떨어져 전혀 보이지 않는다.

1948년 9월 대한민국 임시정부는 '대마도 속령에 관한 성명'을 발표하였다. 무능하며, 비굴했던 정치가와 외교관들로 인해 목마지는 우리의 영토였음에도 제대로 된 권리 주장 한 번을 못 하고 있다. 목마지에 거주하는 현지 일본인들도 본래 한국 땅으로 알고 있다.

우리나라의 실질적인 영토는 얼마나 되는지 알아보자. 문헌상의 기록에 실존했던 고조선과 부여, 고구려, 발해로 이어지는 한민족 고대 왕국들의 영토였던 북방 영토<sub>만주, 간도, 연해주 땅</sub> 696,829㎢<sub>약 2090억 4800만 평</sub>와 목마지 땅 709㎢<sub>약 2억 1200만 평</sub>, 녹둔도 땅 32㎢<sub>960만평</sub>와 한반도 땅 약 22만㎢<sub>660억 평</sub>를 합하면 917,570㎢<sub>275,271백만 평</sub>로 실로 엄청나다. 이는 한반도 면적의 약 3.17배에 달하는 실로 광활한 영토이다.

우리가 강한 민족이 되려면 고토古土를 다시 회복해 국토를 넓혀야 한다.

유사 이래로 강대국이면서 소위 선진국으로 크게 발전한 나라들의 공통점은 대부분 영토가 넓다는 것이다.

북방 영토의 천혜의 비경祕境을 개발해 부가가치를 높이고, 미래를 보는 눈을 가진 다음 세대 투자자들에게 소개한다면 최고의 개발, 투자 지역으로 거듭나는 날이 반드시 올 것이라고 확신한다.

2부

# 3장
/
# 7장

2부는 책 내용 중 가장 중심부로 필자가 독자들에게 강력한 메시지를 전하고 싶은 곳이다. 또한, 필자의 경험과 업무상 지득한 진정眞正 고소득자들, 저소득자들의 기쁨과 슬픔이 내용에 녹아 있다. 이 부분을 이해하고, 실천하는 투자자는 어느 날에 인생의 모습이 바뀌어 있음을 알게 될 것이다.

제3장

# 도입, 변형, 진화
# 그리고 어느 낯선 외국인 학자

현재 주거 생활과 앞으로 실현될 최첨단 주거 생활에 대한 이야기를 하기에 앞서, 정보 통신 산업의 발전은 정보화 사회 속에서 급속도로 나아가고 있다. 이런 정보화 수용을 할 수 있는 건축물을 지능형 건축물이라 하는바, 좀 더 구체적으로 말하자면 건축, 정보 통신, 사무 자동화 등의 시스템을 유기적으로 통합해 첨단 서비스 등을 수요자에 제공하는 기능을 하는 것이다.

주택을 설명할 때 흔히 은신처隱身處라는 말을 사용한다. 현대 사회에서 주택은 그것이 지닌 단순한 은신처의 개념을 넘어 경제적 재화, 사회적 신분의 상징, 사회적 갈등의 한 부분을 차지하기도 한다. 이러한 기능은 경제성, 쾌적성을 추구하면서 적합한 주거용 건물로 한 단계씩 더 나아가는 역할까지 수반한다.

인류는 각자 독특한 주거 문화를 가지고 있다. 주거 문화의 고유성과 독특성은 자연환경의 차이에서 비롯되기도 하고 사회 제도나 구조의 차이, 생활 양식의 차이, 신념과 가치관, 미의식美意識의 차이에서도 비롯된다. 이러한 고유성固有性과 독특성獨特性은 다음 세대로 이어지면서 지속되기도 하고 새로운 사회적 양상에 따라 서로 다른 변화를 보이기도 한다.

주거의 원초적 목적은 단순한 생존生存과 번식繁殖이었다. 원시 사회에서 생존과 번식이 삶의 주된 목적이었지만 나름대로 자연에 순응하며 적합하게 주택을 지었음을 알 수 있다.

통칭하여 원시 건축原始建築이라 하지만 원시 사회에서 만들어진 건축 이외에도 그 시대의 경제, 기술적 반복 단계를 결정짓는 요소들이 들어있고, 동시대에 내포된 사회적 측면도 포함되어 여러 가지 의미가 함축되어 있다. 결국, 역사 속에서 주거 공간은 생활을 담는 기능을 갖고 시대 상황에 따라 적절하게 변화한다.

그러한 시대들을 거쳐 B.C. 약 6000년 신석기 시대에 이르러 농경 생활이 시작되었고 정착 생활 단계로 접어들게 되었다. 본격적인 주택의 형식은 수혈주거竪穴住居 움집, 즉 토실土室이고 강이나 바닷가 근처 등 완만한 경사면을 울타리 삼아 생활하는 형태였다. 주로 원圓의 형태形態를 갖추고, 아래쪽 수직 50~100㎝ 깊이로 땅을 팠고 바닥에는 진흙을 다져 넣었다. 집은 얼기설기 엮은 나뭇가지를 원뿔형 기둥 모양으로 세웠다. 바닥 위에는 나뭇잎, 동물의 가죽이 덮여있는 형상이었다. 움집은 형태나 구조상 추위를 견디고, 바람 등 외부 환경의 영향을 적게 받을 수 있도록 집의 높이를 낮추어 견고하게 지었는데, 이는 이동 생활에서 정착 생활로의 변화

과정이 순차적으로 이루어졌음을 보여주고 있다.

그 후 청동기 시대와 철기 시대에 구들 방식의 생활이 처음으로 등장한다.

한국의 주거 문화를 혁신시킨 구들, 즉 온돌溫突은 난방 기술의 획기적인 발전이고 동시에 지상 주거가 정착되며 큰 변화를 가져온다.

기원전·후를 거치면서 철기 시대로 진입한 고구려, 백제, 신라 3국 시대 권력층의 주거 형태는 온돌의 등장과 함께 구색을 갖춘 지상 건축물로 바뀌었다. 동시대 일반 평민의 주거 형태는 대체로 움집에서 점차 초옥草屋, 토실의 초가집으로 진화하였다.

고려 시대 주택의 가장 큰 특징은 온돌과 마루를 동시에 사용했다는 점이다. 온돌과 더불어 우리나라 주거 문화의 가장 독특한 특징은 한반도 남방에서 선택된 마루와 한반도 북방서 발달한 온돌이 어우러지면서 새로운 주거 문화로 정착된 것이다.

혹한酷寒과 혹서酷暑의 대비를 위해 세계 그 어느 나라에도 없는 우리만의 독창적 시설인 '온돌'과 '마루'라는 이중적 가옥 구조가 발달했다. 위도 차이가 약 10도나 되어 한반도 남북 간에 기온차가 심하고 식물 분포, 토지 이용, 생활 양식도 큰 차이가 나기 때문이다. 좁은 면적과 백두대간 산맥이 중심축에 놓이면서 기후 환경의 차이로 인해 한반도 전체 지역별로 주거의 생활 방식에 많은 영향을 준 것이다. 예를 들어, 대청大廳과 뒷마루를 마루로, 안방과 건넛방을 구들로 구성하여 형상화한 것이 한옥韓屋이다.

우리의 주택은 지역과 시대, 사상과 풍습, 문화의 유입 정도에 따라 그 모습을 달리한다. 조상들이 오랜 세월 동안 생활하면서 공감하는 가운데 형성해 온 건축물의 집합체이다.

전통 한옥의 아름다움은 공간의 적절한 구성과 특성 있는 형태로 이루어진다. 한옥의 기본 원리는 자연의 아름다움과 조화를 이루며 인간의 자연 친화적 욕구를 정신적으로 충족시킨다. 우리 민족은 자연환경을 배경으로 우리만의 독특한 미의식美意識을 창조하였다.

다른 문화와의 접촉과 교류에도 불구하고 주체성을 잃지 않는 선택적 기준을 제공해 주었으며, 우리와 같은 동양 문화권인 중국, 일본과는 근본적으로 다른 미감형성美感形成이 한옥 곳곳에 스며들어 있다.

조선 왕조 시대 절대 왕권을 전제로 한 전제 군주 국가專制君主國家 하에서 엄격한 신분 제도는 사회적 지위는 물론 주거 생활에도 많은 제약을 두었다. 유교적 반상班常을 철저히 따지는 신분 사회였으므로 사회적 계급에 따라 주택의 크기와 형태도 규제하였던 시대였다. 정책적으로 주택의 크기, 집의 칸수, 그리고 장식의 제한 등을 나라에서 한정하는 이른바 가사규제家事規制를 적용받았다.

특히 계층 간 서열 관계가 뚜렷했던 조선 시대 주거 양상은 양반 주택과 서민 주택 두 축으로 양분되었다. 주로 양반 주택의 가옥 배치는 배산임수背山臨水 방식이 주류를 이루고 가옥의 중요한 방위를 남향, 동남향으로 배치하는 풍수지리를 기반으로 집을 지었다.

이에 반해, 일반 서민들의 집은 북쪽 지방은 보온을 위한 온돌이, 남쪽 지방은 바람이 잘 통하는 마루가 적합하였다.

조선 시대는 위에 열거한 온돌과 마루가 확고히 자리 잡고 시대를 아우르며 정착되었다. 한반도 주거 문화에 가장 큰 영향을 끼친 획기적인 시대이다.

1876년 일제가 불법으로 군사력을 동원해서 강압적으로 맺은 불평등 조약인 강화도 조약 체결이 주택의 흐름을 완전히 바꾸어 놓았다. 인위적 개항을 통해 외국 문물이 상륙하면서 서양식 주택과 한옥 사이에 충돌이 일어나며 절충식 주택이 지어졌다.

1941년 조선총독부는 한반도를 병참 기지화하기 위해서 만든 군수 시설 산업체에 근무하는 노동자들의 주택 부족 문제를 해결한다는 명분으로 조선영단주택朝鮮營團住宅을 건설하였다. 이는 계획적으로 대량의 주택을 만든 근대적 공동 주택 단지의 시초始初라 볼 수 있다.


## 1. 도입, 변형, 그리고 진화

1945년 일제日帝강점기에서 벗어나면서 우리만의 주거 문화를 만들 수 있는 계기를 맞게 되었으나 사회적, 경제적으로 취약한 상황에서 역량이 발휘될 수는 없었다. 더욱이 해방 이후 일본에서 귀국하는 동포들의 수에 발맞춰 지어진 주택은 수요에 비해 공급량이 절대적으로 부족하였다.

부족한 주택 상황이 계속되는 와중에 다시 한국전쟁이 발발하면서 설상가상으로 기존의 주택마저 완전히 파괴되었고 주거 상황은 더욱 악화 일로를 걸었다.

전쟁이 끝난 후 1960년대 초, 경제 개발 계획 정책의 산업화로 야기된 농촌의 이농현상移農現狀은 도시의 주택난을 더욱 심화시켰다. 극심한 주택 부족으로 인해 머물 곳이 없던 산업 노동자들은 도시 변두리의 언덕이나 하천변에 무허가 판잣板子집에서 열악한 생활을 하였고 무분별한 개발로 환경 파괴도 이어졌다.

난국을 타개하고자 정부 주도로 1962년 7월 대한주택공사가 창립되어 공공 주택을 건설하면서 단지 개념의 주거 형태가 생겨났다. 1962년 〈토지수용법〉, 1963년 〈국토건설종합계획법〉 등을 제정하여 주택건설을 촉진하는 계기를 마련하였다.

정부는 1969년 주택 은행을 설립하고, 국가 재정이 빈약해지자 민간 자본을 유치하여 민간 주택 건설을 촉진했다. 1979년에는 토지개발공사를 창립하고 1981년에는 국민 주택 기금을 조성하였다.

1971년부터 정부 주도로 농촌 사회를 획기적으로 변모시킨 새마을 운동이 시작되었다. "초가집도 없애고 마을 길도 넓히자."라는 새마을 운동의 구호는 농촌의 전 근대적인 시설들을 바꾸어 보려는 처절한 몸부림이었다. 초가지붕이 비위생적이고 아름답지 못하다는 근시안적인 이유를 내세우면서 새마을 운동이 시작되었다. 예전부터 우리 생활 터전의 옛 모습이었던 초가집이 시멘트벽이나 슬레이트 지붕으로 바뀌자 초가집은 급격히 농촌에서 사라졌다.

반면 마을 환경 개선 사업의 일환으로 마을로 들어오는 길이 확장되었고 하천 보수, 상·하수도 건설, 전기의 설비로 문화생활까지 영위할 수 있는 생활환경이 조성되었다. 하지만 비가 자주 새는 문제점이 발생하고, 시멘트나 슬레이트가 본래의 기능을 하지 못하자 여름에는 덥고 겨울에는 추웠다.

뒤돌아보면 수백 년을 이어온 집과 마을이 농촌 근대화의 깃발 아래 하루아침에 허물어진 모습에 쓸쓸한 이면도 많았다. 이 부분들은 조금 더 획일적이지 않게 보존하면서 개량되었다면 하는 아쉬움도 남는다.

부연하자면 새마을 운동 당시 취사와 난방의 주종 연료는 화목火木과 연탄이었다. 지금은 상상할 수도 없지만, 아파트의 도입 시기에 연탄을 계단으로 올려 난방 보일러로 사용하였다. 지금은 도시가스로 전환되었지만 재건축되지 않은 서울 도심이나 오래된 아파트에서도 연탄 저장고 역할을 했던 다용도실의 모습을 간간이 확인할 수 있다.

정부는 1977년에 주택 청약 제도와 함께 분양가 상한제上限制를 실시하였다. 이 제도는 오히려 고소득층에게 아파트를 저렴하게 구입하여 비싸게 되팔 기회를 주었고, 투자와 투기가 더욱 기승을 부렸다.

도시에 자신의 집을 가지는 것이 꿈이었던 서민들은 단지 아파트 조감도밖에 없는 그림 속의 집을 사기 위하여 청약 통장에 가입해야 했다. 아파트 당첨을 위해서 청약 사무실 입구에 가족들이 교대로 밤새 줄을 서야 하는 모습도 드물지 않은 풍경이었다. 아파트가 지금은 한국인의 표준 주거 공간으로 여겨질 만큼 보편화 되었으나, 그 과정 가운데 집권 정부의 획일적인 규제정책의 하나인 '아파트 분양가의 규제'로 인하여 양적 팽창이 일어났다는 것이다.

주택 가격을 안정시키고자 일반 서민용 소규모 주택건설 사업은 공공 부문이 맡아서 주택 보급률을 높였으나, 집값이 투기로 폭등하면서 무주택 서민들의 내 집 마련은 더욱 어렵게 되었다. 그 문제를 해소하고자 우리나라 주택 정책의 목표는 우선적으로 주택 공급을 확대하는 데 중점을 두었다. 당시 낙후된 불량 주택은 개개인의 문제가 아닌 사회 문제로 인식되었다.

사회적 비용 문제 증가로 자유 경쟁 시장에 맡기고, 이에 수반하여 정부가 개입하면서 주택의 양적 공급 확대가 획기적으로 이어졌다.

1970년대 이후 시대의 흐름은 고층 아파트 건설로 판도가 바뀌었다. 주거의 형태는 좌식 생활座式生活에서 입식 생활立式生活로 바뀌었고 이렇게 흐르던 아파트 시장의 상황이 획기적으로 바뀌게 된 계기는 1997년 말 외환위기 때문이었다.

경제 개발 계획에 의한 산업화로 도시로의 인구 과밀화가 일어났지만, 폭발적으로 늘어나는 수요에 비해 집 지을 택지宅地는 턱없이 부족하였다. 필연적으로 주거의 집단화와 고층화가 등장할 수밖에 없었다.

주택 부족을 해결하기 위해 계속 주택을 지어도 실효를 거둘 수 없게 되자 정부는 1988년에 '주택 200만 호 건설' 사업 계획을 실시하였다.

무조건적인 목표 달성을 위해 전국적으로 고밀도 아파트가 대규모로 건축되었고 목표량을 충족시키기 위해 묻지 마 식의 건설로 인해 농촌의 한적한 땅 한가운데 아파트를 짓는 일도 다반사였다.

1980년대 들어서 적극적인 단지 개발과 좋은 주거 환경 개선에 많은 노력을 기울였다. 1990년부터 고층 아파트가 일반화되기 시작하였고, 2000년대 들어서는 강남구 도곡동의 주상 복합 건물인 타워 팰리스Tower Palace를 필두로 초고층 아파트가 지어지고, 전환기를 맞이하며 초고층 주거 시대의 서막이 열렸다.

### 1) 세계 최초의 아파트

우리의 주거 모습을 급변시킨 공동 주택은 어디서 유래되었고 미래 주거 생활은 어떻게 진화되는가?

넓은 의미의 아파트는 2층 이상의 공동 주택에서 서로 다른 세대들이 모여 사는 것을 말한다. 아파트의 역사는 생각보다 오래되었다.

문헌상 서술된 바로는 기원紀元 무렵 제정帝政 로마 시대이다. 로마는 세계 최초로 인슐라Insula라는 아파트를 지은 나라이다. 당시 로마는 이미 국제도시이자 상업 중심지로 성장해 있었고, 인구가 팽창하면서 심각한 주택난이 발생하였다.

인슐라는 아파트와 같은 의미이다. 아파트의 어원인 아파트먼트Apartment는 임대 주택을 뜻한다. 주택을 소유하지 못한 서민들이 일정 기간마다 일정 금액을 임대인에게 지불하며 사용하는 주거 형태로 우리가 지금 아파트라고 부르는 주택의 유형은 고대 '인슐라' 주택에서 시작되었다.

로마 시대 상류층들의 주택은 도므스Domus라고 하며 구조적으로 아트리움Atrium과 페리스타일Peristyle이라고 하는 앞뒤 2개의 중정집안의 안채와 바깥채 사이에 있는 뜰을 중심으로 모든 방이 배치되어서 바깥채와 안채가 같은 공간의 기능이 있다.

로마 제정 시대B.C. 27~A.D. 476 정복 전쟁을 통해 도시가 확대되고 인구가 팽창하자, 상류층들이 거주하던 도므스를 서민들에게 월세를 받고 빌려주는 공동 주택으로 개조시켰다. 인슐라 주택의 1층은 상가이고 2층부터는 주택으로 대부분 5층 건물로 구성되어 있어 오늘날 주상 복합住商 複合의 시초라고 볼 수 있다. 주인들은 더 많은 돈을 벌고자 5층이었던 건물을 증축하면서 건축비를 아끼기 위해 나무 또는 흙으로 개축하는 엉터리 공정을 했고 8층 이상 10층까지 층수를 높였다. 건물들 중 도므스는 수평 방향으로 넓힌 데 반해 인슐라는 수직 방향으로 높게 만들었다는 특징이 있다.

로마의 유명한 정치가였던 키케로Marcus Tullius Cicero B.C. 106~B.C. 43는 자신이 임대하던 인슐라가 낡고 오래되어 붕괴되자 "더 높은 인슐라를 지으면 돈을 더 벌 수 있겠군!"이라는 유명한 말을 남겼다고 한다.

철학자이며 네로 황제 스승인 세네카Lucius Antaeus Seneca B.C. 4~A.D. 65는 대지주이기도 했는데, 시골의 농장뿐 아니라 인슐라의 방 하나가 아닌 건물 통째를 여럿 소유한 부동산 재벌이었다고 한다. 처음 대지주에게 세를 든 사람이 또다시 다른 사람에게 더 많은 세를 받고 세를 놓아서 차익을 챙기는 것이 성행하였다고 한다. A.D. 200년경 로마에는 단독주택이 고작 2,000여 채에 불과하였지만, 인슐라는 무려 50,000여 동棟이 되었다니 당시 부동산 투기가 얼마나 극심했는지 수치상으로도 알 수 있다. 지금으로부터 2000년 전前에도 불법 투기가 얼마나 심했는지 알 수 있는 대목이다.

참고로 국토해양부 공동 주택 현황을 보면 2020년 2월 현재 전국의 아파트 단지 수는 16,811단지에 동수는 120,093동, 세대수는 10,041,738세대이다.

2,000여 년 전의 로마의 아파트 동수는 현재 우리나라의 서울17,130동과 경기도36,892동의 아파트 동수를 합친 것과 비슷하니 얼마나 많은지 비교 짐작할 수 있다.

인슐라에는 난방 시설, 화장실, 수도 시설 등을 제대로 갖추지 못했다. 주방 시설이 제대로 갖추어지지 않아 화재도 빈번했다. 이러한 문제들이 누적되면서 A.D. 64년 어느 인슐라 밀집 지역에서 발생한 화재가 그 유명한 '로마 대화재'이다. 6일 동안 계속 불에 타면서 로마 시내의 2/3가 잿더미로 변했다니 당시 로마에 얼마나 많은 인슐라가 있었고, 얼마나 많은 인슐라를 밀집해서 지었는지 상상해 볼 수 있겠다.

화재 발생 후 당시 네로 황제는
　① 인슐라 사이에 소방 도로를 만들었다.
　② 인슐라와 인슐라 사이 거리를 30피트약 9m 이상 거리를 둬야 한다.
　③ 화재 시 대피하기 위해 층층이 발코니를 설치하여 옆집으로 대피할 수 있게 하였다. 프린캡스제1인자 아우구스투스Augustus, B.C. 63~A.D. 14 시절에는 건물의 높이를 약 20m로 제한하였다.
약 2,000년 전에 만든 규정들이 현재 아파트 건축에도 적용되고 있다니 신기하고 놀라울 따름이다.
그러나 인슐라는 로마 제국의 몰락과 중세中世 암흑기를 거치고 유럽의 산업 혁명이 일어나면서 사라졌다.

## 2) 산업 혁명과 아파트

역사적으로는 사회 체제의 근간이 되었던 봉건주의 사회 조직이 붕괴되면서 중산층이 확대되고 큰 자본을 바탕으로 한 상업의 확대와 국제 교역이 활발히 진행되었다. 이러한 변화는 산업 혁명을 바탕으로 도시 공업화 시대를 가속화 했으며 인간의 삶에 커다란 변화를 일으키는 요인으로 작용했다.

열악한 여건으로 인하여 이전에 볼 수 없었던 공동 주택이 필요하게 되었고, 더불어 주거 환경에도 사회 구조적 변화와 함께 많은 환경 문제가 발생하였다. 밀집된 도시 지역의 열악한 주거 환경은 전염병의 발생 소지를 잉태하고, 도시의 번영과는 대조적으로 국민의 삶에 고통을 가중시켰다.

환경적으로 여러 문제점이 발생하였다. 도시의 빈민들, 즉 노동자들에게 열악한 주거 환경이 사회 문제로 대두되자, 좀 더 좋은 주택을 제공하려는 취지를 살려 좁은 땅이지만 많은 사람이 생활할 수 있도록 영국 정부 주도로 세대마다 화장실을 갖추고 상수도를 설치 한 건물을 공급하고자 공동 주택인 아파트를 지었는데 이것이 근대 아파트의 효시가 되었다.

미국의 경우 뉴욕주는 1839년에 밀려드는 이민자들을 수용하기 위해 도시 하층민의 공동 주택인 테너먼트 하우스Tenement House를 만들었다. 처음부터 인간적인 측면이 배제된 건설 정책으로 빈민가의 소외계층 사람들에게 실패의 산물로 인식되면서 주거가 도시 문제의 근원이 되었다.

이때 지은 건물들은 도시로 몰려든 이주자들을 수용하기 위해 비체계적非體系的으로 만들어진 공동 주택이었다. 체계적이지 않았던 아파트는 중산층을 위한 것이 아닌 단순히 서민 또는 이민자를 위한 주거 형태였다.

제2차 세계 대전 후 유럽 국가들은 열악한 도시 공간을 복구하고 절대적으로 부족한 주택의 대량 건설을 위해 단지를 도로 양쪽으로 만드는 방법을 채택하였다. 이러한 방식이 인기를 끌었지만, 생활 시설, 교통 불편, 소형 평수小型坪數 등을 이유로 중산층들에게 외면당하면서 급속도로 슬럼화되었다. 새로 유입된 무기력하고 고립된 빈민층들이 승계 거주하는 방식으로 순환, 계승되면서 낙후된 지역으로 변질되었다.
외국의 도심에 자리한 공동 주택은 중산층들이 주로 생활하는 데 아무런 불편함이 없었다. 상기한 바와 같이 도심에서 멀리 떨어진 곳은 근린 시설들은 절대적으로 편의성이 부족해서 중산층들에게 외면당하였다.

열거하였듯이 공동 주택의 이면에는 정부 당국자의 무관심과 사회적 배경 때문에 발생하는 여러 가지 부작용도 존재한다. 거주 형태의 특성상 이웃과 소통을 단절하게 되고, 무미건조한 생활로 가족 등 친지들과 거리감도 생긴다. 고립된 생활이 범죄 발생률도 높일 수 있다는 주장이 제기되곤 하였다.
공동 건축물은 철저히 수요자의 의견이 반영되어야 하는데 초기 정부의 입맛대로 건축을 한 점을 묵과한 결과이다. 아파트는 어느 지역에 있는지가 중요한 것이 아니다. 정부는 최소한 인간이 누릴 수 있는 기본적인 권리를 보장해줘야 하는 책임이 있는 것이다. 불법 외국 이민자들의 공동 주택을 집단 수용소 개념으로 보는 각 나라의 정책 담당자들의 차별된 시선과 잘못된 이민 정책에서 문제점을 찾아야 할 것이다.

반면 우리나라 아파트의 모습은 어떤가?

우리나라에 아파트가 새로운 주거 공간으로 도입된 역사는 그리 오래되지 않았다.

최초로 도입된 아파트는 1930년에 일본 미쿠니 상업 회사가 직원들의 숙소로 이용하고자 서울시 중구 회현동과 중구 내자동에 3층 벽돌 건물을 건축한 것이다.

우리나라 최초의 공동 주택인 아파트의 효시는 서울시 중구 주교동 230번지이다. 을지로4가와 청계천4가 사이에 중앙산업이 사원 주택용으로 지은 건축물로 1956년에 1개 동 3층 12세대로 건설한 중앙아파트다. 내부에는 수세식 화장실과 연탄아궁이 그리고 입식 부엌이 만들어졌다.

1957년에 착공하여 1958년 준공된 서울시 성북구 종암동의 종암아파트는 3개 동 4층의 152세대로 해방 이후 분양된 우리가 지은 최초의 아파트로 기록되었고, 이 아파트에 수세식 화장실을 처음 도입 설치하였다. 1958년도에는 서대문구 충정로에 일반인에게 처음으로 분양한 6층의 개명 아파트를 선보였다.

1964년에는 대한주택공사가 서울 마포구 도화동에 단지형 아파트를 건설하면서 본격적으로 단지형 아파트 시대가 열렸다. 우리의 전통과 재래식 생활 양식을 봉건적이고 비경제적인 것으로 비하卑下하며 이러한 새로운 건축물을 서구의 합리성과 근대화의 편리성에 바탕을 둔 아파트라고 주장하기도 하였다. 새로운 시대에 진입하면서 당시 위정자들은 단지형 아파트가 조국 근대화의 상징이자 생활 혁명의 시금석試金石이라며 극찬하였다. 이들은 새로운 주거 형식과 집단적 공동생활로 경제적 효율성을 높여야 한다고 주장하였다.

중앙산업이 지은 중앙아파트 1개 동이 최초의 아파트라고 한다면 마포아파트는 최초의 단지형 아파트이다. 1970년 처음으로 중앙 난방식 온수 보일러를 설치한 중산층용 한강맨션아파트를 건설하여 현대인의 문화생활에 큰 파장을 일으킨 획기적인 주거 형태가 만들어졌다.

다시 1960년대로 시선을 돌려 보자. 우리나라는 경제 개발로 시작된 산업화의 물결로 농촌에서 도시로 인구 쏠림 현상이 빈번해지면서 정작 이들을 수용한 것은 아파트가 아닌 이미 언급했던 하천변, 쪽방촌 등의 달동네였다.

예를 들어, 영국에서 아파트가 산업 노동자들을 위해 지어졌다면, 우리나라는 1960년대 경제 개발과 맞물려 여러 곳에 아파트를 지었다. 노동자를 위한 것이 부자들의 전유물로 변질되면서 오히려 투자자들에게는 투자 장터가 되어 우리의 주거 문화를 왜곡시키는 변곡점이 되었다.

아파트는 경제 성장과 함께 우리나라의 주요 주거시설로 자리매김하였다. 많은 인구가 대도시를 중심으로 밀집해 살아간다. 끊임없이 수요가 발생하는 주택 문제를 해소하기 위해 적극적으로 아파트 건설을 장려하였고 이것이 일반인들이 가지고 있는 아파트에 대한 긍정적인 인식과 맞물렸다. 이러한 정책의 원인은 국가 재정이 열악한 상황에서 우리나라 주택 공급 체계의 방식이 민간 사업자에 의존했던 구조적인 이유가 주된 요인이라고 할 수 있다.

과거 주택을 지어 공급할 여력이 없는 상황에서 급속하게 산업화를 추진하다 보니 민간 건설 사업 자금에 의존할 수밖에 없었다. 단지 정부가 할 수 있는 것은 분배하고 통제하는 것뿐이었다. 느슨한 규제 정책 속에서 민간 건설업자들이 아파트를 수주하면서, 또 다른 형태의 부동산 광풍이 불게 되자 정부는 새로운 주택 방식 등을 제시하면서 통제하였다.

정부는 부족한 주택을 신속히 공급하기 위해 아파트를 마치 주물 공장에서 찍어내는 컨테이너처럼 대량으로 건설하였다.

도처에 산재된 셀 수 없는 무허가 건축물을 줄이고자 하는 열망으로 서민용 아파트를 건설하였다. 이는 세계의 어느 나라에서도 유래를 찾아볼 수 없는 상황으로 치달으며 봄바람에 들불 번지듯 확산되었다.

주거 문화가 중요한 영향을 끼칠 즈음, 한국 사회의 발전 과정에 잠들어 있던 곪은 속내가 드러났다. 전시 행정과 부정부패가 합쳐진 비극적인 사고의 단편극인 와우아파트 붕괴 사건이다.

1970년 4월 착공한 지 6개월, 입주한 지 4개월 만에 서울시 마포구 창전동 소재 와우아파트 1개 동이 무너지고 심각한 인명사고가 발생하였다.

와우아파트 사고는 조급증에 의해 공기工期를 단축하려는 건설사와 감독 기관의 비리가 결합되어 만들어 낸 전형적인 인재였다. 이러한 사건이 재발하지 않도록 시범을 보여야 한다는 이유로 정부는 서울시 중구 회현동에 1970년 5월 10층 건물로 352세대 회현 제2 시민아파트를 건설하였다. 이렇듯 외형상 성장제일주의로 달려오면서 압축 경제 발전을 이루었듯이 아파트 건설도 양적 확산量的擴散과 대규모의 증가로 이어졌다.

이와 같은 방식으로 아파트를 공급하고자 했던 정부는 단기간에 대량으로 주택 보급률을 달성하였다.

1 건설업체는 아파트를 건설함으로써 일반 단독주택보다 가치 생산성을 높였고, 정부 당국은 주택 정책을 아파트 중심으로 펼쳤기에 주택 공급량이 급증하였다.

2 수요자의 입장에서는 아파트의 높은 경제적 가치와 생활의 편리성, 쾌적성을 사회 심리적 측면에서 살펴볼 수 있다.

3 단기간 내 가격 상승률이 높은 아파트는 자산 증식資産增殖의 수단이 되었다.

우리나라는 지형적으로 국토의 약 70%가 산림이어서 주택을 지을 땅이 항상 부족하다. 도시가 계속 팽창하면서 수요가 급증하다 보니 아파트는 자연적으로 현대 사회에서 생길 수밖에 없는 주거의 한 형태로 자리 잡았다.

예전 우리 주택과는 별개로 현대의 아파트는 단순한 주거 개념에서 벗어난다. 경제 성장 과정 중 발생하는 인플레이션으로 인하여 경제적 개념이 주거에 스며들면서 자연스럽게 투자 또는 투기의 대상으로 떠오르게 되었다.

　1977년에 분양된 강남구 압구정동의 현대아파트는 아파트를 새롭게 인식할 수 있는 계기가 되었다. 현대아파트의 분양으로 실소유자와 투자자들의 인식이 완전히 달라졌고, 아파트가 주거 문화로 자리매김하는 데 지대한 영향을 끼쳤다. 또한, 강남 지역의 부동산을 보는 방식이 달라졌으며 아파트의 가치를 또 다른 시선으로 보게 된 것이다. 결과적으로, 강남 지역 아파트를 갖는 것이 대다수 국민의 희망 사항으로 변하였다.

　실례로 서울특별시의 아파트 부지 면적을 보면 총면적이 605㎢<sub>약 1억 8000만 평</sub> 중 주거 지역이 307㎢<sub>약 9천 2백만 평</sub>이다. 여기서 공공용지 등을 제외한 순수 주거 지역이 223㎢<sub>약 6천 7백만 평</sub>인데, 이 중 30%인 66㎢<sub>약 2천만 평</sub>가 아파트 총 바닥 면적이다. 이는 서울시 토지 총면적의 9%에 해당하는 대단한 면적이다.

　단독 주택처럼 마당 같은 공간으로 인식되는 땅의 개념이 없고 사방이 닫힌 공간으로만 인지되어 도입 초기에는 그다지 큰 호응도가 없었다. 그러나 얼마 지나지 않아 생활의 편리성이 큰 매력으로 대두되면서 폭발적인 수요가 일어나며 공급 부족과 초과 수요가 발생했고, 가격이 투자자들의 투기로 크게 상승하게 되었다. 거주자들은 생활하면서 아파트 거주에 불편함보다 편리함이 더 많음을 알게 되었다.
　더불어 아파트 단지 내에 여러 가지 편의 시설과 깨끗한 주변 생활환경도 주민들 삶의 질 향상에 지대한 영향을 준 바가 크다.

　외국의 아파트와는 다른 독특한 우리만의 방식으로 접근하면서
다듬어지고 진화해 온 우리나라의 아파트는 다른 나라와 근본적으
로 다르게 우리의 한옥韓屋 DNA가 접목되어 있다.

　사계절이 뚜렷한 우리나라는 우리만의 고유한 특징을 아파트에
표현함으로써 외국에서는 찾아볼 수 없는 독특한 정서가 깃들어
있고, 기호에 맞게끔 건축하기 때문에 일반인들에게 선호選好되는
것이다.

　이러한 '한국형 아파트'는 우리나라의 환경과 생활 모습에 존재
하는 완벽한 주거 형태이다. 만일 거주하는데 아파트가 내·외적으
로 큰 불편이 따른다면 건설 회사에서는 어디에서든 볼 수 있는 아
파트를 이렇게 많이 건설하지는 않았을 것이다. 우리의 문화와 정
서情緒에 맞춘 난방 시설인 온돌, 다용도실, 욕실 등 내부 구조를
배치하고 중심부에는 한옥의 마루와 같은 거실을 배치하면서 개성
있게 한옥의 주거 형태를 계승한 우리의 주거 문화를 접목해 전통
적인 가치를 유지하고 있다.

　특이한 점은 외국의 아파트와 차이가 확연히 구분되는 난방 시
설이다. 1960~70년대의 아파트는 말 그대로 서양식 기술을 접목
해 라디에이터 공급 방식을 채택하였다.

　1980년대 이르러 우리나라 주거의 특징인 전통 온돌을 아파트
에 도입하였다. 결국, 아파트를 우리 실정에 맞게 변형시켜 안락한
한옥과 같은 주거 시설로 변모시켰다.

현재 아파트 외부도 다양하게 변형을 주고 있다. 처음에는 판상형板狀形인 'ㅡ' 또는 'ㄱ'자로 한쪽 면만 바라보도록 일렬로 배치한 형태가 주종을 이루었다. 소위 말하는 성냥갑 아파트라고 불리는 이런 아파트는 풍수지리를 따라서 모든 아파트 세대가 일조권日照權을 확보하기 위해 남향으로 배치를 한 형상이다. 내부 구조도 한옥처럼 안방, 마루, 건넌방과 같은 구조로 안방, 거실, 침실1, 침실2 같은 형태로 배치를 하였다. 이러한 판상형 구조의 단순함을 벗어나 2000년대 들어서 타워塔狀형이라는 새로운 개념의 아파트가 등장하였다.

1994년 삼성그룹은 본사 사옥으로 사용하기 위해 강남구 도곡동에 있는 11,930평의 토지를 서울시로부터 매입하여 102층 초고층의 건물을 건축하려 했지만, 1997년 IMF 외환 위기로 국가가 전체적으로 위기에 직면한 상황이었고 삼성그룹도 자금 부담을 느끼는 상황이었다. 결국, 삼성은 현금을 확보하기 위해 막대한 자금 투입이 예상되는 사옥 건립 계획을 포기하고, 타워형인 주상 복합 건물 '팰리스 타워Palace Tower'를 건축함으로써 2002년 우리나라에 본격적인 주상 복합 아파트 시대의 장을 열었다.

실제 우리나라 최초 주상 복합 건물은 1967년 서울시가 종로구 4가에 지은 18층 세운 상가로 처음 엘리베이터를 도입하였다. 당시 18층 고층 건물의 의미는 외세外勢의 침략과 지긋지긋한 가난에서 벗어나 한강의 기적을 이루기 위한 시금석이자 성장 상징물의 축소판이었다.

뒤이어 서울시는 1968년 종로구 낙원동에 낙원상가아파트를 건축하였다. 현재 낙원상가는 서울시 미래유산으로 등록되었다. 팰리스타워 아파트 이후, 아파트는 주상 복합형住商複合形이라는 형식을 중심으로 지어지고 있으며 'Y', 'T', 또는 'ㅁ' 자처럼 중심부, 즉 코어를 축으로 2개 이상의 가구를 묶어 탑을 쌓는 구조가 주종을 이루고 있다. 이러한 아파트는 화려하고 세련된 외관을 보여주는 신新개념 평면 아파트이다. 외관상 밖에서 보면 타워형처럼 세련돼 보이고, 내부 구조는 판상형 구조로 지어서 각각의 장점만 농축시킨 아파트 형태가 현現 추세이다.

앞으로 아파트는 사람들 주변에서
1 급변하는 세계화에 맞춰 생활하는 데 알맞게 변신을 꾀할 것이다.
2 수요자가 원하는 방향으로 발맞추어 아파트 내·외의 구조를 변형시켜 갈 것이다.

## 2. 어느 낯선 외국인 학자

우리나라는 일본 제국주의자들이 철저히 계획하고 만든 불법 치하의 나라 없는 고통 속에서 절치부심의 세월을 보냈다. 열강 패권의 각축전에서 국권은 겨우 회복하였으나 또다시 무능한 위정자들은 국민이 원하지 않는 그들만의 쓸데없는 이념理念 싸움으로 하나 된 국가를 이루지 못하고 북의 남침은 끝내 비극적인 한국전쟁을 일으켜 국민에게 씻을 수 없는 고통을 주었다.

한국전쟁은 우방국들의 도움으로 간신히 휴전 협정에 이르렀지만, 참혹한 전쟁의 결과로 수백 년을 이어져 온 우리나라의 수많은 전통 가옥들이 형체도 알아볼 수 없이 파괴되었다. 더욱이 1960년 대 경제 개발 계획 수립과 동시에 급격한 산업화에 떠밀려서 그 많던 전통 가옥은 몇몇 특수한 지역을 제외하고 찾기조차 힘들어졌다.

집권 정부는 경제 빈국에서 벗어나려면 경제를 건설해야 한다는 명목하에 1962년 경제 개발 5개년 계획을 세워서 산업화를 실시하였다. '경제 발전'의 기치를 내걸고 외향적 경제 성장에 시동을 걸어 강력한 산업화와 현대화에 박차를 가하였다.

물리적인 힘을 가해서라도 가난한 국민의 기본적인 의衣, 식食, 주住의 욕망을 해결하려 하였다.

도시 계획을 세워서 산업화의 핵심인 수출을 위해서 한강에 다리를 건설하고 수출물을 수송하기 위해 고속 도로를 건설하였다.

또한 고밀도인 강북의 인구를 분산시키기 위해 강남의 토지를 정리하고 영동 지구에 아파트를 짓는 이주 정책을 펼쳤으나 아무도 관심을 갖지 않았다.

당시의 직장은 강북에 편중되었고 교통이 불편한 점, 1970년 국민에게 각인된 와우아파트 붕괴사건의 잔재, 생소한 아파트는 우리의 전통 생활 양식에 맞지 않는다는 선입견, 토지를 소유할 수 없다는 등 아파트의 실체를 오해하면서 외면하였다.

정부는 귀국 유학생, 전前 해외 지사 직원들 등 외국 아파트 생활의 경험이 있는 사람들을 강남으로 유치시켰다. 이외에도 교수, 의사, 전문직 종사자, 고위공직자, 그리고 이재理財에 밝은 서민들까지 강남 행 대열에 앞세웠다.

다가올 21세기 하이테크 산업 분야를 위해 첨단 교육을 받으려 미국이나 유럽으로 유학 간 학자들, 엔지니어들, 해외 각지에 정착한 두뇌頭腦 기술자들을 조국의 경제 발전을 위해 아파트 생활에 익숙한 그들에게 강남의 중·대형 아파트 분양권을 주면서 그들의 애국심에 호소하였다.

당시 우리나라 아파트는 근린주구형近隣主構形으로 건설하였고, 아파트 입주자 중 대부분은 기혼자들로 자녀들의 교육에 큰 관심을 기울이고 있었다. 강북인구 분산 정책과 맞물리면서 한국 엘리트들을 배출해온 강북의 사학 명문 고등학교들을 강남으로 이전移轉시켰다.

이러한 정책으로 강남 지역 자체가 고학력 소지자들로 집단화되면서 그들만의 아파트 문화라는 기류氣流가 형성되었다. 이로 인해 강남은 고소득 전문 직업군 지역이라는 인식이 팽배해지고 새로운 개념의 중·상류 계층이 형성되었다.

1976년에 경기고등학교 이전을 시작으로 1978년에 휘문고등학교, 1980년에 서울고등학교, 1981년에 숙명여자고등학교, 1988년에는 경기여자고등학교가 강남으로 이전하였다. 이렇듯이 강남이 엘리트 계층과 명문 고등학교로 이루어지자 강남 8학군이라는 신조어도 생겼다.

이런 과정은 처음부터 정부가 의도한 것은 아니었다. 강남 이주를 추진하였지만, 실패를 반복하자 앞서 언급한 여러 가지 카드를 만질 수밖에 없는 상황이었다.

더욱이 아파트 불패신화의 산실産室이었던 1986년의 아시안 게임, 1988년 서울 올림픽의 행사를 위한 시설물을 주로 강남 지역에 집중적으로 건설하였다. 국내외 관광객의 운송을 위해서 지하철 2호선도 강남 방향으로 개통하였다.

현재 강남 신화의 뿌리는 정부의 종합적이고 오랜 시간 동안 계획된 장기적인 도시 계획에 따른 결과물結果物로 인식해야 한다.

한편 대한주택공사에서는 생활 수준에 따라 선택할 수 있는 다양한 아파트 평수를 건설해야 할 필요를 느꼈다. 1971년 3,220세대를 아우르는 27~57평대의 한강맨션아파트를 건설하였다. 우리나라 최초의 중앙식 온수 공급 보일러를 설치하여 아파트 생활의 편리성을 증진했으며, 학교와 공공 기관을 한곳에 모아야 한다는 근린주구 이론에 입각한 아파트 단지 개발의 이정표를 제시하였다. 1973년에 서울시 서초구 반포동에 1·2단지 22~42평의 7,906세대의 아파트를 건설하여 강남 아파트의 시대가 개막되었다.

뒤이어 서초구 잠원동에도 16~65평대의 다양한 평수의 아파트 11,660세대를 건설하였다.

1975년에서 1978년까지 서울시가 잠실 인근 한강 변 약 308만 평을 매립하여 대한주택공사가 전용 면적 7~13.5평의 소형 아파트 19,180세대를 건설하여 뉴타운 개발의 시대를 열어갔다. 주택 500만 세대 건설을 달성하기 위해 1980년 2월 31일에 〈택지개발촉진법〉을 제정하였다. 그리하여 제1기 신도시의 목표 주택 보급량을 늘려서 서울의 과밀 된 인구를 분산시키고 집값을 안정시키기 위해 수도권 5대 신도시에 건설된 물량은 약 30만 세대였다.

예를 들면 경기도 성남시 분당구의 신도시는 588만 평에 아파트, 연립 주택, 단독 주택 등 98,300세대 39만 명 입주 계획으로 건설되었다. 일산 신도시는 470만 평에 69,000세대 규모였다.

서울시 강남 개발 이후 서울은 인구 분산을 위해 대규모 단지로 구성된 신시가지를 여러 곳에 건설하였는데, 예를 들면 1972년 250만 호 건설 계획, 1980년 주택 500만 건설 계획으로 서울시 양천구 목동 아파트 단지는 1985년 입주 계획에 26,600세대, 1989년 200만 호 건설 계획으로 9~25평 규모의 25층에 저소득층을 위한 40,224호 규모의 건설을 계획하였다.

그러나 역대 정부의 건설 계획은 막대한 재정적 부담과 다른 정책의 우선순위에 밀려 달성은 못 했다. 강남구 개포동에 〈택지개발촉진법〉의 첫 사례인 강남 개발로 인해 입주자들이 몰리자 주택난 해소를 위해 1981년에 15,710호를 수용하기 위해, 경기도 과천에는 1981년에 13,522세대 규모로 건설하였다.

다음 2기 신도시로는 화성시 반송동 주변의 동탄 신도시를 들수 있다. 이곳은 인구 40만 명 규모로 계획하였고, 그중 동탄 1기 신도시는 약 300만 평 규모에 49,200세대로 135천 명 정도의 인구수용이 가능하였다. 동탄 2기 신도시는 720만 평 규모에 114,000세대로 인구 29만 명 수용 규모로 지금도 건설 중이다.

다음으로 수원시 영통구 주변과 용인시 수지 지구 일대 약 340만 평 규모에 31,000세대, 인구 7만 7천 명 거주 계획으로 건설되었다.

전국 각지의 택지 지구 사업을 통해 개발되었는데 전국의 여러 도시에 소·중·대형의 대규모 아파트 단지를 형성하는 것이 우리나라 아파트의 특징이다. 이 단지 안에는 주민의 불편을 해소하기 위해 여러 가지 편의 시설들이 설치되어 운영되고 있다.

주민들의 일상 공간으로 변모한 단지 내에서 주민들 사이에 정보 교환이 많이 이루어진다. 예를 들면, 엘리베이터, 복도, 어린이 놀이터, 노인정, 경비실, 스포츠 시설, 반상회, 심지어 주차장에서도 주민들은 소식을 주고받는다.

단지마다 후문 또는 쪽문으로 다른 단지가 이어져 있어 완전 개방형으로 유익한 정보를 나누며 주차 문제, 교육 환경, 방범, 쓰레기 문제 등 해결 방안이 주민 편의 위주로 구성되어 있다.

단지형 아파트가 인기를 얻는 이유는 이론적으로 '규모의 경제'에 입각한 경제 관념이었다.

아파트에도 이런 규모의 경제를 적용하면 단지의 규모가 클수록 입주민들이 대단지 아파트를 통해 누릴 수 있는 다양한 혜택이 더욱 커지기 때문이다.

아마도 관심사는 아파트의 가격상승, 환금성, 저렴한 관리비, 이외에도 메이저급 아파트명성, 아파트 브랜드, 다양한 편의 시설, 지역 개발 등이다. 이처럼 규모가 큰 단지형 아파트의 장점은 경제성이다.

대다수의 단지형 아파트는 세대수가 많다 보니 자연스럽게 거래량도 많고, 비교적 시세가 구체적이어서 매수자들의 관심을 많이 받을 수 있으며, 표준화된 평면을 갖고 있고, 지역마다 개별 가격이 공시되기 때문에 환금성換金性이 뛰어나다.

외국 아파트의 경우 단지團地의 개념은 없고 우중충하고, 불투명한 현관문을 열고 들어가면 그 안에서 무슨 일이 일어나는지 알 수조차 없다. 인간미도 없고, 오고 가는 정情도 없이 오로지 월세月貰만 내야 하는 콘크리트 벙커처럼 느껴질 뿐이다.

강력한 권위주의에 기인한 급격한 성장의 결과, 한국형 발전 모델의 결정체인 압축적 모델을 보여준 주거 문화 형태는 많은 자연적, 물리적 그리고 사회적 요인 속에서 계속 변화를 거듭하였다.

우리의 주택은 서양의 영향을 받아 만들어지고 우리의 전통 가옥은 초가집에서 격변기를 거치면서 일시적으로 변형된 주택들도 등장하였다. 그것이 우리의 것으로 창조되면서 계획하고, 변형하고, 우리의 것으로 진화시켰다. 한국의, 한국에서, 한국인에 맞춰지듯 주거 변화도 초가집에서 전통 한옥으로, 한국형 아파트먼트 하우스로 이어지는 주거 형태가 한국인 삶의 터전으로 토착화되며 진화되고 있다. 항상 마음과 정신에는 우리 전통 가옥의 숨결이 내재內在되어 있다. 21세기는 1인 가구의 수요로 인한 주택이 대부분을 차지할 것이다.

한국이 아니라 다른 국가들도 인구밀도가 높거나 인구 팽창 지수가 높은 도시의 주거 대안은 그 나라 고유의 아파트가 될 수밖에 없다. 선진국들이 통상 2~300년의 기간에 걸쳐 달성한 산업화産業化를 우리나라는 1960년대에 시작하여 불과 50여 년 만에 달성하였다. 이러한 초 압축적인 경제 신화는 어느 선진국의 사례에도 없다. 세계 근·현대사에서 유래를 찾아볼 수도 없으며, 앞으로도 오랫동안은 제2의 한국과 같이 경제 기적을 이루는 나라가 등장하기 어려울 것이다.

한국 주택 시장이 세계의 주목을 받는 두드러진 이유는 짧은 시간 내 경제 성장 도시로 인구 밀집이 촉발되었고, 부수적으로 건축되는 과정에 인구의 증가를 해결하기 위한 방편까지 반영되기 때문이다. 현대식 가옥이라고 하면 아파트를 말하며, 국토가 작고 인구가 많은 나라에서는 용적율容積率이 높은 고층 아파트가 대중적이지만 구조와 양식은 그 나라의 전통에 따르고 있다.

그러나 우리나라보다 인구밀도가 높은 유럽 국가들은 아파트를 선호하지 않는다. 이러한 현상은 그 나라의 오랜 관습에서 오는 주거 문화로 이해해야 한다. 아파트에 대한 이미지와 가치는 국가와 지역마다 다르기 때문이다. 초창기 아파트 모델은 외국에서 도입하였다. 이어 주변에 근생건물, 공원, 놀이터와 같은 편의 시설을 갖추고 대중교통도 쉽게 접근할 수 있도록 설계하는 등 한국 실정에 맞춰 변형시키면서 한국 아파트 단지는 외국과는 전혀 다른 독특한 문화와 계층을 형성하게 되고 한국 도시의 스카이라인을 규정하는 건물이 되었다.

특히 우리나라를 세계 정보 통신 강국으로 떠오르게 만든 중요한 원인 중 하나인 대단지 규모의 아파트는 중앙 집중화의 터전과 효율적인 네트워크를 설치하기에 아주 적합하다. 주요 선진국들의 경우 도시교외 주거 지역의 특성상 인구가 밀집되지 않아 많은 설치비용 등의 문제가 발생하는 어려움으로 인터넷 보급망이 뒤처져 있다. 반면 집약된 인터넷을 기반으로 한 우리나라는 88 서울 올림픽, 2002년의 월드컵 경기를 성공적으로 이끌었다.

중진국中進國에서도 선택받은 국가만이 여러 가지 경제 실험과정을 극복해야 선진국先進國으로 진입進入하는데 우리는 1997년의 국내 경제 위기를 무난히 극복하였고, 2008년 세계 경제 위기도 돌파하여 선진국을 향하여 가고 있다.

한편으로는 경제 발전으로 자본주의의 모든 이권利權을 누리고 살며, 발전의 상징물인 아파트에 대해서 허구虛構의 궤변을 늘어놓는 자者들이 있다.

그들은 경제 개발과 성장 속에서 교육을 받고, 기회주의를 이용하여 무소불위無所不爲 권력의 맛을 누리면서 강남땅, 강남 아파트, 강남 주민들 등 강남 자체를 비난한다. 정작 그들은 투기 목적으로 강남 아파트에 거주하고 있거나 부동산을 소유하고 있으며, 그들 자신이 마치 강남에 살지 않는 주민들의 고통을 해결해주는 해결사처럼 허언虛言한다. 궤변으로 서울시를 강남과 강북으로 갈라놓으며, 비非강남 주민들에게 자신의 벼슬과 명예를 위해 인기영합주의로 접근하는 양다리 걸치고 있는 그들은 두 개 얼굴을 지닌 가짜 위정자들이며 일그러진 자者들이다.

심지어 실체가 검증도 되지 않은 외국의 어느 낯선 학자는 우리의 아파트 건축물을 주제로 '*** 공화국'이라는 책을 출판하였다. 사실과 진실이 아닌 편향된 이념理念으로 포장한 내용은 세계적 이슈Issue화된 발전 지향의 표상인 우리의 아파트 발전상에 대해 폄하貶下시키고 있다.

우리나라와 선진국은 오래된 문화, 관습, 풍습, 기후, 땅의 지형이 확연히 다르다.

　세계의 어느 나라나 주거 모양은 전통적으로 그 나라 땅의 모양과 환경에 맞추어서 자연스럽게 만들어지고 경제 성장과 국민의 의식 수준에 의해 유연하게 변화를 거듭해 온다. 우리는 그 무엇도 선진국과 공통점을 찾아볼 수가 없다. 우리나라도 우리의 개성과 고유성을 갖추고 선진국으로 향하고 있다. 어느 고정된 이념 틀에 맞춰서 비교해선 안 되며, 비교가 왜 필요한지 필자는 알 길이 없다.

　3년간의 한국전쟁은 모든 것을 폐허廢墟로 만들었다. 참혹한 전쟁을 치른 후 가옥들이 모두 파괴되어 길거리에서 취침, 취식하는 비참한 현실 속에서 UN 기구와 우방국의 원조로 공동 주택인 아파트를 지었다.

　우리나라가 처했던 형편을 알지 못하는 일부의 유럽인들에게 초창기 한국 아파트의 흑백사진을 보여주면서 무엇이 연상 되느냐고 묻자 "한강 변의 대단한 군사기지", "군대 막사" 또는 "마치 군사기지를 연상케 하는 아파트 단지"라고 말했다고 작가는 전하고 있다. 작가는 순수 민간인 거주용 아파트를 아무런 관련이 없는 군부와 연결하고 있다.

　참혹한 한국전쟁의 실상에 대해 아무것도 모르는 극히 일부 유럽인들에게 사진을 보여주며 답을 끌어내려는 작자作者의 의도를 알 길이 없다.

　군軍과 경제經濟를 연결하고 있는 작자의 의도가 무엇인지……. 당시 쿠데타 세력들은 군인에서 민간인 신분이 된 이후 강력한 권위 정치權威政治와 경제 건설로 무장하여 압축 성장하기까지 '하면 된다'라는 정신으로 경제 발전에 매진하였다.

경제 한 축의 상징인 아파트 건설은 국민의 내 집 마련과 부富를 쌓을 기회가 되어, 삶의 질적 향상으로 이어지고, 지금 사는 모습을 투영하고 있다. 산업화 이후 50여 년간 아파트는 우리 국민의 삶의 질에 많은 영향을 주었다.

국민의 열망熱望과 함께 용광로처럼 달아오른 재산 증식이 재테크 수단으로 이어지면서 가정 경제와 사회 경제, 국가 경제에 부富를 안겨주었고, 지긋지긋한 최빈국最貧國 나라에서 차츰 벗어날 수 있었다.

전문 건설 기술도 전혀 없던 나라가 국제기구의 도움과 기술로 아파트를 지을 수밖에 없었던 힘든 상황을 그렇게 표현해야 옳은가? 경제 개발에 매진하면서 국제기구의 원조로 건축한 건물이 그 외국인의 눈에는 흉물스럽게 보이는지…….

순수 민간 정부가 그러한 건물을 지었으면 무엇이라고 글을 썼을까? 정치 문제와 경제 문제는 분리해서 논論해야 하며 학자의 책 주제가 '아파트'면 경제 문제일 텐데 이를 이념 편향의 도구로 악용하고 있다.

특히 자국이 아닌 외국의 사례로 책을 출간하거나 학술 논문으로 인용해야 할 때는 상대방 나라의 올바른 역사관과 사실事實에 충실해야 한다.

가뜩이나 파렴치한 가짜 위정자들로 인해 국민이 원치 않은 좌·우 이념 문제로 힘들어하고 피곤해 있을 때, 이런 민감한 나라의 사례를 주제로 해서 사회를 혼란混亂 시켜서는 안 된다.

한쪽으로 기우는 편향된 글은 이미 글이 아니며 특히 독자들을 위해서 뿐 아니라 논문 또는 학술지에 발표할 경우, 후에 그 글을 인용하는 학생들이 지식을 함양涵養하고, 그 분야가 발전하는 데 작가는 힘써야 한다.

또한, 한국의 아파트를 주제로 제목을 '*** 공화국'이라고 하였다. 우리나라에서 '공화국'이라는 단어는 국가 최고 법인 헌법憲法 제1조 1항에 "대한민국은 민주 공화국이다."에서 등장한다. 국제 사회에서 대한민국을 대표할 때 존엄의 상징으로 사용하며 다르게는 드물게 조롱嘲弄, 조소嘲笑, 비아냥거리는 것과 같이 국격國格을 훼손시키는 나쁜 의미를 나타낼 때 쓰인다.

작가에게 표현의 자유도 있고, 마음대로 글을 쓸 자유도 있지만, 본인의 나라 사정에 대해 글을 쓰는 것이 아닌, 외국의 사실을 주제로 인용할 때는 격식에 맞는 제목을 쓰는 것이 그 나라에 대한 정중하고도 최소한의 예의이다.

예를 들면 '한국에는 왜 아파트가 많은가?' 또는 '아파트가 지천至賤인 대한민국'이라는 책 제목이 너무 밋밋해서일까? 아니면 자극적인 책 제목으로 독자들에게 좀 더 다가갈 수 있을 거라고 생각했을까?

한국에 대해 깊이 아는 것 없이, 이해의 부족으로 순수한 경제 문제를 이념 문제로 덮어씌운 것에 불과하다.

이러한 행위는 대단히 유감스러운 것으로, 무엇보다도 외국의 주거 변천사를 주제로 논문과 책을 쓸 때는 이념과 정치적 논리가 아닌 순수 학문적인 사실 그대로 변화 과정을 밝혀야 한다.

필자가 대단히 유감인 것은 이 책의 내용을 국내 학자들이 비판

없이 받아들인 것이다. 외국인 학자의 책 내용을 비판하는 기사는 전혀 없는 실정이다. 사실 비판이 아니라도 좀 더 긍정적이고 발전 지향의 내용을 담은 글조차 없으며, 우리 학계의 안마당을 외국인이 휘젓고 다녀도 전부 수용하는 모습이 우리 학계의 슬프고 굴욕적인 자화상이다.

위에서 이야기하였듯이 국내외 학자들의 잘못된 인식에도 불구하고 앞으로 투자자들의 기대를 넘어서는 주거 환경이 도래하고, 기술의 진보는 계속 진행되어 최첨단 친환경 공동 주택으로 진화될 것이다.

철근 콘크리트, 철골조 등의 공학적 상식工學的常識을 제외하더라도 30년 전에 지은 아파트에 비해 내진설계耐震設計 등 현재 아파트가 훨씬 더 안전하게 건축되고 있다는 점은 반대의 여지가 없다. 다가올 30년 후 미래의 아파트는 수요자, 투자자들에게 환상적인 명작이 될 것이다.

그동안 급성장하며 발전을 같이 걸어온 아파트의 역사, 우리의 현대사現代史가 고스란히 녹아 있는 주택은 어느 지역이나 동시대同時代의 거울이며, 집약적으로 인간 생활이 반영된 재화이다.

우리 국민의 생활이 서구화되고 한편으로 부富의 외형적 표시인 현대적이고 도시적인 한국 사회에 서구적인 것이 침착沈着하여 우리의 것으로 '한국화韓國化'되었다. 한국화된 아파트는 창조물로서 투자자들에게 부富를 분명히 안겨줄 것이다.

한국화된 아파트 구조물은 투자자를 부자富者로 만들고, 그렇지 않은 건물은 그냥 콘크리트 덩어리이며 가난일 뿐이다.

# 제4장

# 누구를 위한 부동산 정책인가?

부동산 정책은 공공 정책公共政策으로서 정부 기관이나 관료들에 의하여 개발, 결정, 집행되며 공익의 추구에 있다. 정책은 다양한 의미를 지니고 지가 정책, 토지 자원 보존 정책, 토지 이용 정책, 주택 정책 등 상호 유기적 관계에 있어 어느 특정 분야만 집중적으로 연구할 수도 없다.

모든 분야가 동시에 해결되지 않으면 부동산 문제의 해결이 불가능하게 된다. 부동산 문제를 해결하기 위한 세제, 금융, 주택 건축, 택지 개발, 권리 분석, 지가 고시 등 정책 수단을 활용할 필요성이 높아진다.

부동산 정책은 종합적 정책의 성격이 강하므로 부동산 문제의 해결, 개선을 위한 공적公的 노력이 문제를 해결하기 위한 시작점이 된다.

● 공적인 노력은 크게 세 가지 목적으로 행해진다.
  1 정치·사회적인 목적이다. 부동산에 대한 불만이나 고충 처리의 일환으로 행해지는 대책이다.

2 시장의 실패이다. 시장 경제 체제體制의 미성숙으로 인한 시장의 실패는 자원이 효율적으로 배분되지 못하고 낭비되는 현상을 말한다. 따라서 정부가 시장에 개입하여 그 실패를 치유治癒하려는 대책들이 부동산 정책의 내용을 아우른다.

3 부동산 정책은 부동산의 합리적인 소유所有, 이용利用, 거래去來 등을 목표로 한다. 예컨대 토지 이용에 있어 용도 간 경합이 많을수록 활용 주체에 따른 합리적인 우선순위를 공정하게 판단해야 할 경우다. 여기에는 정책적 기능이 있다.

토지는 모든 국가의 중요한 자원이며 자산의 한 형태로 재산 증식 수단이 되는 부동산이다. 토지 문제는 경제 성장의 속도 및 사회 발전의 양상과 깊은 상관성을 띠고 있다.

근래에 이르러 토지와 관련하여 두드러진 특징과 중요성이 사회 여건의 커다란 변화와 급속한 경제 성장, 인구의 증가, 빠른 도시화 현상은 공급과 수요의 불균형을 야기하고 지가의 급격한 상승을 초래하여 토지투기를 조장하고 다시 지가地價상승을 부추기는 악순환을 거듭하면서 소득과 부의 불평등한 분배를 심화시키는 사회 문제로 대두된다.

과거 토지만을 부동산이라 지칭하였고, 토지 위에 지은 건축물은 단지 토지에 부착된 부수적인 개량물改良物 또는 부착물 정도로 취급되었다. 근대에 이르면서 토지는 신분 계급을 막론하고 소유권을 가진 사람에게 자산으로 인식되고 하나의 독립성을 가지는 중요한 부동산이 되었다.

과거에는 토지를 국가나 소수의 권력자만 소유할 수 있었다. 현재처럼 개인도 소유권을 가질 수 있는 계기가 된 부동산 시장의 출발점은 1912년 일제강점기 〈토지조사령土地調査令〉이 발표되면서이다. 일제강점기 시절 조선에 거주하고 있던 일본인들에게 불법으로 토지 소유권 혜택을 주기 위한 악법이었고 친일 매국노賣國奴들에게는 불법으로 토지 지배권土地支配權을 취득하도록 한 제도였다.

1948년 8월 대한민국 정부 수립 이후 제헌 헌법制憲憲法 제86조에 농지는 농민에게 분배한다고 되어 있다. 농민에 분배한다는 농지 개혁으로 인해 처음으로 일반 서민들도 농지를 소유하게 되었다. 지주층地主層들이 거의 사라지고 소작농小作農들이 생산의 중심 세력이 되는 큰 변혁이었다.

그러나 토지가 활용되면서 재산이 불어나자 사회에 산재되어 있던 여러 가지 문제점이 드러났다.

토지 문제는 토지의 자연적 환경과 정치, 경제, 사회, 문화 등 인문적 변화와 결부되면서 시대에 따라 다른 양상들이 나타나곤 한다. 일반적인 토지의 자연적 특성인 확장할 수 없는 양적 부증성量的不增性과 움직일 수 없는 위치의 고정성으로 인해 토지 공급은 비탄력적非彈力的일 수밖에 없다. 결국, 토지 소유자들 사이에 경쟁이 유발됨으로써 도발되는 수요와 공급의 불균형으로 여러 가지 문제점이 발생하게 된다.

왜 부동산 투기가 사회적으로 비난을 받고, 새로 집권한 정부는 새로운 부동산 정책을 발표하며, 그러한 정책들이 소유자와 투자자들에게 무슨 영향을 끼치는지에 대해서 이야기를 하려고 한다.

부동산의 소유는 본래의 대물적 가치對物的價値에서 매매가 가능한 대가적 가치對價的價値로 바뀌는 교환 가치가 되었다. 토지 소유자가 토지를 이용하기보다는 부富를 축적할 수 있는 수단으로 인식하면서 토지 소유자에게 중대한 생각의 전환점이 생겼다.

우리나라 경제에 막대한 영향을 끼치기 때문에 부동산 정책은 대한민국의 핵심 산업 중 하나로 인식된다. 국민 자산 비중의 상당수를 대부분 부동산이 차지하면서 부동산 경기 흐름이 사회에 절대적인 영향을 끼치고 있는 것이 현재의 흐름이다.

구조적인 현실에 비추어 보면, 대부분 부동산을 통하지 않고는 부富를 축적할 수 없다는 것과 통계청 자료에 의하면 우리 국민의 자산 중 80% 비중을 부동산이 차지하고 있고 순수한 현금 부자는 미미할 정도로 수가 적다는 것이다.

산업화와 경제 성장기의 인플레이션과 주택 부족에 따른 재산 형성의 기대 등을 생각했을 때 선진국에 비해 농익지 못한 경제화로 부동산만큼 안정적인 투자 상품이 없었던 것이다.

## 1. 정부의 지나친 간섭

부동산 시장에 대해 문제가 있을 때나, 신정부가 들어설 때마다 집권 기간 동안 항상 부동산의 새로운 청사진을 펼쳐서 부동산과 인간과의 관계를 개선하려고 노력한다. 정부가 부동산의 특정 목적인 개선 정책을 달성키 위해 부동산 시장에 개입한다는 것이다.

● 현재 또는 과거의 역대 정부들이 펼쳐왔던 부동산 정책은

1 부동산 시장의 과열을 막기 위한 가격안정 대책인 부동산 투기 억제 정책投機抑制政策

2 침체된 부동산 시장을 회복시키기 위한 적극적인 부동산 경기 활성화 대책活性化對策

3 부동산 관련 정책들을 주로 서민 주거 안정 대책庶民住居安定對策 으로 세웠다.

4 부동산 시장의 선진화 대책 정도의 정책을 펴왔다.

우리나라 부동산 초기 정책은 전방위적으로 토지 개발에 초점을 두었고 1960년대 이후 고도성장을 이루기 위해 추진되었던 산업화와 함께 지속되고 있다.

부동산 관련 정책과 관련하여 1967년부터 2020년 6월 현재 53년 동안 발표된 정부의 부동산 및 주거 복지 관련 정책은 무려 168건에 이른다. 1년에 평균 약 3건의 정책이 발표된 셈이다. 정부가 부동산 대책을 자주 발표를 하지 않는다는 것은 부동산 시장이 안정화되었다는 뜻이다. 정부가 개입하지 않을 정도로 투명하다면 투자자들이 관심을 가질 이유가 없다.

부동산 정책에 장기 비전을 제시하지 못한 역대 정권들과 정부들의 빈번한 부동산 정책 남발로 심지어 '부동산 불패 신화不敗神話'라는 신조어까지 생겼다.

부동산이 과열되면 규제를 강화하고 침체가 되면 규제를 풀어주는 냉탕과 온탕을 오가는 방식을 취함으로써 경기 진작 효과景氣振作效果에 민감한 부동산 시장을 흙탕물로 만든 것이다.

시장은 수요와 공급에 따라 스스로 움직이기 때문에 일시적으로 수급을 억제한다고 문제가 해결되는 것은 아니며 결코 정책이 시장을 이길 수 없다. 유동성이 풍부하면 가격이 오른다. 다시 말해, 시중에 돈이 많으면 부동산 가격이 오르고 부족하면 하락하는 것이 지극히 자연적인 수요 공급 원칙의 흐름인 것이다.

권위적인 정책 시행자들은 조급한 마음으로 정책 발표 후 결과가 나타나지 않으면 더욱 강도 높게 누더기 정책을 발표하곤 하였다.
일관성이 결여된 정책은 정권이 바뀌어도 수십여 년 변함없이 계속되고 현재도 '진행형'이다.
정권 임기 내에 '과시적 행정'을 위한 것에 불과한 것이다. 부동산 정책이 장기 비전 정책이 아니라 당장 효과를 내려는 땜질식 인기영합주의人氣迎合主義 정책에 불과한 것이다.
정부에서 새로운 정책을 만들어 국민에게 발표하는 행정 계획 절차의 과정은 계획計劃을 세우며 입안立案하고, 새로운 정책의 성공 여부 결과가 나기까지 최소한 몇 년이 소요된다.

흔히들 부동산 경기를 이끌어가는 것으로 정부 정책, 해외 정세, 실물 경기의 흐름, 이자율 변동, 주식 또는 채권 시장의 변화 등 외부적인 요인이라고 생각한다.
특히 실물 경기가 상승해야 투자 심리가 회복되고 이때부터 부동산 경기도 본격적으로 살아난다는 생각을 보편적으로 하고 있다.

또, 하나 부동산 경기를 근본적으로 살리고, 죽이는 중요한 요인은 바로 정부 정책이다. 부동산 경기가 과열 양상을 보일 때 정부가 규제 일변도의 정책을 구가하면 부동산 경기는 바로 하락세를 보이기 시작하여 고점을 찍고 하강하기 시작하며, 침체 일로에 있을 때 정부가 경기 부양책 등 완화 정책을 시행하면 즉시 상승의 흐름을 탄다고 믿고 있다.

그러나 회복의 우선순위가 부동산 경기가 우선이 아니고 실물 경기라면 정부 정책은 수출을 육성하기 위한 무역, 외환 정책이나 세금 인하 등의 방법으로 소비 수요나 투자 수요를 진작시킴으로써 실물 경기를 살리는데 주력하는 것이다.

경기 침체가 장기화될 때마다 정부에서 꺼내 드는 카드는 매번 똑같이 반복되고 있다. 그 이유는 부동산 경기와 불가분하게 연결된 건설업이 국내 총생산에서 차지하는 비중이 클 뿐만 아니라 정부가 일방적인 정책 시행으로 통제할 수 없는 무역 정책이나 해외 경제 정책보다는 규제와 완화의 반복으로 금방 가시적인 효과를 끌어낼 수 있는 부동산 정책을 손보는 것이 가장 효과가 크기 때문이다.

부동산 경기는 정부가 규제를 완화하느냐, 또는 강화하느냐에 따라서 그 본질이 살고 죽는 단순한 매커니즘Mechanism이 아니었다.

결국, 정부 정책을 도외시하는 부동산에는 스스로 살아 움직이는 규칙이 있다. 규칙을 거슬러 부동산 정책을 쓰면 오히려 역효과가 나고 규칙에 순응하여 정책을 쓰게 되면 확실한 효과를 거둘 수 있어 그 단순한 이론의 파급 효과는 생각보다 엄청나다.

부동산을 투자의 개념이 아닌 효용 가치로 판단하는 미국의 경우는 장기적인 불규칙 사이클 형성이 자연스럽고, 부동산을 주거 수단과 투자 수단으로 생각하는 우리나라는 단기적인 순환이 자연스러운 것이다.

끝없어 보이는 하락세도 언젠가는 저점을 찍고 반등反騰하며 천정부지로 뛰고, 치솟던 매매가도 어느 순간 꺾여 다시 하락의 흐름을 보이게 되는 불규칙 순환, 이런 불규칙 사이클을 이해하는 것은 부동산 경기의 맥을 파악하는 중요한 핵심이다.

물론 이러한 외부 요인들이 상승장에서 급등을 막거나 하락장에서 급락을 막으며 미미하게 사이클이 진행되도록 하는 효과 정도는 줄 수 있지만, 과거의 예를 통해서 대세의 흐름을 뒤집는 것은 사실 역부족임을 알 수 있다.

그렇다면 여기서 의문을 갖지 않을 수 없는 것이 있다. "부동산은 자기 나름의 방식으로 스스로 흘러가는데 굳이 정부가 나서서 규제를 완화하거나, 강화하는 식으로 시장에 개입할 필요가 있을까?"라는 근본적인 물음이다. 이 의문은 궁극적인 의문으로서 오래전부터 경제학자들 사이에서 치열한 설전舌戰이 있었던 부분이다. 경제의 흐름을 시장 자체에 '보이지 않는 손'에게 맡길 것인가, 정부가 적극적으로 관여하면서 필요에 따라 흐름을 통제할 것인가?

부동산은 인간의 생존에 필요한 필수재必須財이다. 정치학자들은 부동산 정책을 경제의 원리에 전적으로 내맡겨서는 안되는 재화로 인식하며 정부는 부동산 흐름을 임기 내에 자신들이 가시적인 성과를 위해 진력했다는 것을 국민에게 보여주기 위한 전시용, 인기 영합주의의 수단으로 취급한다.

정부 정책으로 부동산 경기의 흐름을 극단적으로 통제할 수 있다거나 정부가 그동안 이런 정책을 써왔기 때문에 결국 부동산 시장이 예측 불가의 혼돈混沌 시장이 되었음을 잊어서는 안된다.

부동산 경기의 흐름을 주도하는 것은 무엇인가? 무엇이 부동산 가격의 상승을 유발하고, 일정한 시점이 되면 하락하는 것일까? 필자가 분명히 말하지만, 원리는 단순하다. 즉, '수요와 공급의 원칙'이다.

수요가 공급보다 많으면 상승하고, 수요가 공급보다 적으면 가격이 하락한다는 가장 기본적인 원칙이다. 부동산 시장을 예측할 때 분명하고도 단순한 이 원리를 너무 쉽게 간과하고 있다.

소위 부동산 전문가라는 사람들조차 이 원리를 무시하고 이런저런 외부 요인들과 원론적인 억측에 근거하여 막연한 전망을 쏟아내고 있다. 당연히 수요가 증가하고 공급이 부족하면 수요와 공급이 균형점에 도달할 때까지 상승할 것이고, 공급이 증가하고 수요가 부족하게 되면 다시 균형점을 찾을 때까지 가격은 하락하게 될 것이다.

부동산 등락의 그래프가 서서히 불규칙으로 움직이고, 정부의 개입으로 빠르게 불규칙으로 이동하므로 주식 시장에 있을 법한 예측 불가한 신의 영역이라는 말이 버젓이 부동산 시장에서 아무런 근거 없이 남용되고 있다.

정부는 부동산 시장에서 주택, 토지의 공급, 가격 안정과 투기 억제, 서민의 주거 안정 및 국토의 균형 발전을 위하여 다양한 형태의 정책과 직·간접적으로 지나친 개입을 하고 있다. 정부가 부동산 시장에 개입하는 이유는 두 가지의 기능을 수행하기 위해서이다.

하나는 정치적 기능으로 사회적 목표를 달성하기 위하여 시장에 개입하는 것이며, 다른 하나는 경제적 기능으로 시장의 실패를 수정하기 위하여 개입하는 것이다.

사회적 목표는 형평성에 집중할 수도 있고, 효율성일 수도 있다. 사회적 목표를 달성하기 위한 정부의 시장개입은 시대적 상황이나 그 나라가 처해 있는 사회적· 경제적 환경에 따라 그 정도와 내용을 달리한다. 부동산 정책이란 자연스러운 시장이 작동하면 수요와 공급에 정부가 개입해서는 안 된다. 만일 정부가 부득이하게 개입해야 한다면 정도를 최소화해야 한다.

- 정부는 왜 직접 깊숙이 간섭하는 것일까? 이에 대해 몇 가지의 원인 중 가장 큰 이유

  ① 집권 정부의 정치적 목적을 달성하기 위한 것이다.

새 정부가 집권한 후, 국민이 가장 크게 관심을 가지는 부분은 대학 입학 제도와 부동산 정책 문제이다.

교육은 백년대계百年大計라고 하는데 우리의 대입제도는 정권이 바뀔 때마다 어김없이 바뀐다. 먼 미래를 보고 제도를 만들어야 하지만, 정부는 임기 내에 작품 하나 남기겠다는 목표로 학부모와 수험생들을 상대로 제도를 바꾼다. 전前 정권이 만든 것에 적응할 시간이 필요하지만, 학부형과 입시 당사자인 학생들에게 적용할 시

간이 주어지지 않는 현실 때문에 대부분의 입시생이 사교육에 의존하는 것이다.

부동산 정책에서 부동산이라는 재화財貨는 사람의 생존에 필수적인 물건이다. 이를 단순히 정치적 논리로만 접근해서는 안 되고 사람이 살아가는 데 필요한 형평성 외에 기타 사회적 목표도 포함해야 한다. 그 나라가 처해 있는 사회적, 경제적, 정치적 환경에 따라 그 정도와 내용을 달리해야 한다.

2 경제적 목적을 이루기 위한 것이다.

부동산 정책은 항상 바람직한 결과만 있는 것은 아니다. 때로는 실패한 시장 결과를 가져오기도 한다. 부동산이란 재화의 고유한 특성으로 시장에 정부가 개입하지 않을 경우, 외부 요인인 수요 공급 등의 불균형으로 시장이 너무 과열되거나 반대로 침체되면 시장의 실패가 올 수 있기 때문에 정부는 부동산 시장을 회복시키기 위해 깊숙이 개입한다.

시장은 수요와 공급이 잠시 일치하지 않아도 시간이 흐르면 스스로 균형을 찾아간다. 정부는 그 시간을 기다리지 못하고, 자주 인위적으로 개입한다.

정부의 지나친 개입이 오히려 시장의 실패를 가져오고 시장의 실패는 역설적逆說的으로 진정 부동산 고소득자들진정 고소득자들에게는 아주 좋은 투자 기회를 제공한다.

3 부동산의 고유한 특성 때문이다.

부동산이라는 재화財貨는 다른 재화들보다 경직된 재화이다. 부동산은 수요에 맞추어 바로 공급을 늘릴 수 없는 상품이다.

여기서 **부동산 투기**가 사회적으로 **어떠한 기능**을 하는지 살펴볼 필요가 있다.

**가.** 미래의 변화를 현재 가격에 반영하는 '투기 시장 조절 기능'이 있다. 가격이 올라가는 만큼 시장에서 수요는 줄고 공급은 늘어나는 시장 조절 기능이다.

**나.** 가격이 계속 오를 것이라는 기대 심리로 인해 투기가 새로운 투기를 초래하고 많은 가수요假需要를 발생 시켜 가격을 급등시킨다. 이에 대해 정부는 적절한 수요 억제 대책을 내놓아 부작용을 최소화하는 개입이 필요하다. 따라서 정부는 가격이 급등하는 상황에서는 '시장의 참여자市場의參與者' 역할로 공급 확대를 주도하면서 투기적 수요를 잠재울 수 있는 최소한의 개입 정책을 펴야 한다. 너무나 빈번한 변동 정책, 즉 누더기 정책을 펼쳐서 상황을 파악해야 하는 정부 당국자들도 헷갈리는 상황에 빠지게 되면, 부동산 시장의 진정 고소득자에게 둘도 없는 최상위 포식자捕食者가 될 수 있는 기회가 생긴다.

## 2. 투자는 좋고, 투기는 왜 나쁜가?

우리의 일반적인 개념, 사회의 상식 수준으로 보면 투자는 좋은 것이고, 투기는 나쁜 것이라고 단정을 내린다. 왜 투자는 좋은 행위이고, 투기는 사회의 비난을 받아야 옳은가?

독자들도 그렇게 생각하는지, 투자와 투기의 경계선境界線을 어떻게 가르는지에 대해서 알고 있는지 궁금하다.

일반적으로 투기는 비정상적인 방법으로 단순히 시세 차익을 얻을 목적으로 하는 거래행위를 말한다. 투기는 투자의 개념과 혼동하여 쓰이기도 하지만 양자를 이론적으로 명확하게 구분하기란 쉽지가 않다. 투기의 본질을 이해하려면 투자의 본뜻을 알아야 한다.

- 투자의 사전적 의미
  ① 이익을 목적으로 사업 등에 자금을 투입하는 것이다.
  ② 이윤을 생각하여 주식이나 채권 등의 구매에 자금을 투입하는 것으로 정의되어 있다.

우리가 흔히 일상에서 사용하는 투자는 이와 같은 사전적 의미에 가깝지만, 원래는 경제학에서 파생된 용어이다. 근대 경제학의 아버지로 불리는 영국의 경제학자 존 메이너드 케인스J.M. Keynes는 투자를 "일정 기간에 있어 국민 경제 전체로서의 실물 자본의 증가량, 즉 추가적인 자본 축적액으로서 경제학적인 투자는 실물 자본의 순증가액을 의미하며, 만약에 증권에 투자하였더라도 그 자본이 그대로 실물 자본의 증가를 가져오지 않는 한 투자가 아니다."라고 말하였다

일반 경제학자들은 투자를 '경제와 생산 활동을 통해 자본을 늘리려는 행위'로 보고 투기는 '경제와 생산 활동 없이 단순히 이익만 추구하는 행위'라고 본다.

케인스는 투자자와 투기자에 대해 말하기를 "투자자는 특정 자산의 미래수익에 대한 전망을 바탕으로 자산을 매수하는 사람이고, 투기자는 시장에 참여하는 사람들의 심리변화를 예측해서 자산을 매수하는 사람이다."라고 한다.

말하기 좋아하는 사람들은 투자와 투기를 두부 자르듯이 뭉칠수 없는 극과 극의 개념으로 나눈다.
간단한 예로 "투자자는 실수요자實需要者이지만 투기자는 가수요자假需要者이다. 보유 기간에서 투자자는 장기이지만 투기자는 단기이다."라고 한다.

투자자는 필요한 만큼 면적을 매입하지만, 투기자는 많은 차액差額을 위해 필요 이상으로 매입을 한다.

여기서 투자자는 필요한 만큼 매입한다고 했지만 사실 투자자들은 미래 수익이 확실한 경우 더 많은 돈으로 시세 차익을 더 얻기위해 투자할 것이다.

위에서 케인스는 "증권에 투자하였어도 그 자본이 그대로 실물자본의 증가를 가져오지 않으면 투자가 아니라고 한다."라고 하였다. 또한 "주식이나 채권 등의 유가 증권을 구입하는 것은 원래 소유하고 있던 다른 사람으로부터 소유권을 이전받은 것에 불과하므로 이는 투자라고 할 수 없다."라고 말한다.
다시 말하면 증권 시장에서 주식을 호가呼價에 매입했을 경우 이를 보통 투자라고 말한다. 이는 유가 증권의 이전을 의미할 뿐 생산 활동에는 아무런 변화가 없기 때문에 경제학에서는 이를 투자라고 하지 않으며, 같은 맥락에서 부동산 투자도 경제학에서는 투자라고 하지 않는다.

그러나 기업이 신규로 주식을 발행하여 그 돈으로 공장 증설에 사용한다면 이는 투자이다. 한마디로 경제학에서 투자는 실물 자본재를 구입하고 설치하는 것으로 기계 설비의 구입, 공장이나 사무실 건물 및 주택의 건축, 도로나 항만의 건설 등이 이에 해당한다.

그러므로 생산 설비 확대, 생산품 확대, 등을 위해 순수하게 투입하였을 때 이를 투자라고 한다.

투기의 사전적 의미를 보면 어떠한 확신도 없이 큰 이익을 노리고 무슨 일을 하거나 또는 시가 변동에 따른 차익을 노려서 하는 매매 거래라고 한다.

경제학에서 투기란 어떤 제품을 가격이 쌀 때 구입하여 일정 기간 저장한 뒤 비쌀 때 판매하는 것을 말한다. 일반적으로 어떤 물건을 가격의 변동으로 인해 미래에 수익을 얻을 수 있을 것이라는 기대에 따라 그 물건을 **매입하거나 매각하는 것**을 말하는데 **다음과 같은 특징**이 있다.

1 공급이 원활하지 않고 최종적인 수요가 아닌데도 가수요假需要가 일시적으로 집중되는 현상을 말한다.

2 이러한 투기로 인한 물건의 가격 폭등은 다른 물건의 가격에 영향을 끼쳐 시장에 인플레이션을 촉진하는 역할을 한다.

3 투기는 실물 경제의 소득 분배 구조를 변화 시켜 투기 기회를 잘

활용한 투기자는 이익을 얻지만, 투기에 참여하지 못한 사람들은 상대적 박탈감剝奪感에 놓인다. 그러므로 투기란 장래 가격 변동의 예측에 따라 현재 가격과 장래에 얻을 가격의 차이에서 시세 차익을 얻기 위하여 이루어지는 매매 거래를 말한다.

투자는 정상 이익을 목적으로 자금을 투자하는 것이고 투기는 시세 차익을 목적으로 투자하는 것이다. 여기에서 시세 차익을 목적으로 하는 행위가 모두 투기라고 볼 수 있느냐는 것이다.

주식 거래는 대표적으로 시세 차익을 목적으로 하는 거래 행위임에도 불구하고 투기라고 하지 않는다. 오히려 정부는 일정한 틀에서 적극적으로 장려하기까지 한다. 반대로 부동산 투자를 시세 차익 목적으로 접근하면 투기라고 하여 각종 규제를 받는다.

투기를 다른 시각에서 보면 경제 주체의 생산 활동과 관계없이 부富를 창출하는 것이라 할 수 있다.

결론은 투자와 투기의 차이점은 그것이 경제 주체들의 생산 활동과 관계되어 있느냐 없느냐인 것이다.

투자와 투기는 이익을 목적으로 자산 또는 재산권의 취득에 자금을 투입하는 것이라는 점에서는 같지만, 그 본래 목적이나 기능이 경제 주체들의 생산 활동에 관계없이 가격 변동에 따른 시세 차익을 얻을 목적으로 이루어지는 자산 또는 재산권의 매매 거래라고 할 수 있다.

지금까지 우리는 흔히 부동산을 떠올리면 투기니, 불로소득不勞所得이니 하면서 비난한다는 사실이다.

흥미로운 사실은 부동산 매입 시 본인이 투기하고 있다고 인정하는 사람은 아무도 없다는 것이다. 그러나 다른 사람들이 매입하면 투기라고 핏대를 세운다.

그래서 이를 비유하면 '내가 하면 투자, 남이 하면 투기' 또는 '내가 하면 로맨스, 남이 하면 불륜'이라는 말이 남발되는 것이다.

부동산 투자는 합리적인 이익을 목표로 부동산에 대한 정확한 분석과 무리하지 않는 빚을 얻어 투자하나, 모든 투자자나 투기자들은 많은 돈을 벌기를 희망한다. 투자자들은 돈을 조금만 좋아하고, 투기자는 많이 좋아하면 모를까 사실 돈 앞에서는 투자자나 투기자나 똑같이 체면이 밥 먹여주지 않는다. 투자도 돈, 투기도 돈이기 때문이다.

돈 앞에서 투자자와 투기자를 무 자르듯 분명하게 선을 긋는다는 것은 어리석은 짓이며, 분명하게 선을 긋는 것은 아무런 의미가 없고, 그을 수도 없다.

억지로 선을 만든다는 것은 사회를 분열과 혼란에 빠뜨리는 행위이며 국민의 의식을 분열시키는 것에 불과하다. 중요한 사실은 투기자들도 투기를 통해 생각만큼 돈을 못 벌 때도 있고, 오히려 투자금을 손해 볼 때도 있다.

부동산 전문가들이나 대중 매체들은 투기 행위는 나쁘니 미래 수익이 확실히 보장된 투자를 할 것을 권하고 있다. 무엇이 미래 수익을 보장하는지 알 수가 없으니 투자자들도 손해를 볼 수 있다는 점을 언급하지 않는다.

국가나 사회가 선량한 투자자들에게는 투자금을 보호해주고, 투자 이익도 보장해주어야 하는데 현실은 그렇지 않다.

그렇다면 투자자와 투기자의 확실한 차이점은 무엇인가? 바로 탈세脫稅했는지 여부다.

이 부분을 언급하면서 투기와 꼭 구별해야 할 것이 있는데 그것은 바로 사행성射倖性 도박행위다. 투기는 미래 상황에 대해 예측 가능성을 예견豫見하지만 도박은 요행과 예측 불가능성을 전제로 하는 사행심이 전제되므로 분명한 차이가 있다.

일부 정치가들과 전문가들은 싸잡아서 투기와 도박을 같은 범죄로 취급을 하는데, 이는 국민의 가치관에 혼란만 초래함을 잊지 말아야 한다.

그러므로 불법적인 수단을 동원하는 것은 바람직하지 않지만, 단순히 부동산 투기를 불법 행위 또는 범죄 행위라고 단정 짓기에는 그 범위가 상당히 넓다. 또한, 투자와 투기의 범위는 지극히 주관적主觀的 영역이므로 명확히 구분한다는 것은 불가능하다.

투자는 이익을 목적으로 하고 투기는 차액을 얻을 것을 목적이라고 하지만 이익이나 차액의 결과는 '돈'이다.

어느 지역에 투기 세력이 몰려들면 수요와 공급의 불균형으로 가격이 오른다. 가격이 오르면 공급이 확대된다. 이는 부동산 시장에서 공급과 수요가 균형을 찾아가는 과정인데 이러한 시장의 인식을 부정하고 억누르면 엄청난 사회적인 손실과 혼란을 초래한다.

도덕적 관점에서 투자는 긍정적으로 보고 투기는 부정적으로 본다. 하지만 부동산 투기를 긍정적인 투자로 인정하는 국가는 자유 민주 자본주의 국가고, 부동산 투자를 투기로 인지하는 국가는 자본주의 국가라고 할 수 없다.

우리 사회는 부동산의 다량 보유多量保有나 투기 행위를 대단한 불법 행위, 불의로 문제 삼는다. 이러한 사회는 자유 경제 체제하의 자본주의가 성숙된 사회가 아니라고 본다.

시급히 개선되어야 할 고질병은 부동산 투기를 무조건 병적으로 보는 시각이다. 한마디로 우리 사회를 표현하자면 사유 재산을 불법화하는 위선적이고 파괴적인 풍조가 일부 기득권층에서 독버섯처럼 기생寄生하고 있다.

왜 투기하는 사람과 투자하는 사람을 극과 극으로 갈라놓는 것일까! 이러한 한국 사회의 양극화 현상은 1970년대의 소모적인 정치적 문제로 태동하여 1990년대 IMF 이후 본격적으로 정치적 문제와 경제적 문제가 결합하면서 확산되었다.

이러한 원인은 몇 가지로 나눌 수 있는데

⑴ 무능한 정치인들이 대중들에게 자신의 존재를 알리고자 선거 득표에 사활을 걸면서 정치적 목적만을 위한 한탕주의에서 비롯된 것이다. 정치인들은 투기 행위 자체에 도발적이고 적대적인 태도를 보임으로써 사회적 약자들에게 온정적인 접근을 추구하는 것처럼 보이도록 대중 매체를 이용하였다. 자신의 이름 석 자를 유권자들에게 각인시키기 위한 포석으로 투기하는 사람들을 범죄인 취급을 하였다. 바로, 자극적인 막말로 엉터리 인기영합주의에 편승하고자 한 것이다.

② 일부 언론에서도 대통령 선거에 편승한 경기 부양책景氣浮揚策, 각 대선 후보자들의 인기몰이용인 개발 공약開發空約, 정권의 교체를 틈탄 부동산 규제 완화, 정책 후퇴 등이 남발되면서 시장에 불안감을 조성하고 국민에게 묻지 마 식 투기 심리를 부추겨 왔다.

지금은 부동산이 전 국민에게 재테크 대상으로 인식되었지만, 예전에는 투기가 재벌과 개발 정보를 미리 입수한 일부 권력층 주변 자산가들의 전유물이었다 해도 지나친 표현은 아니다.

이렇게 투자자나 투기자의 사이를 갈라놓는 사회적 갈등은 결국 우리 사회의 통합과 소통을 이념 문제理念問題로 가로막고 부동산 경제의 지속 가능한 성장을 저해하고 있다.

# 3. 탈세 없으면 투기도 없다

우리나라 국민은 모두 납세의 의무를 진다. 우리 헌법 제38조 "모든 국민은 법률이 정하는 바에 의하여 납세의 의무를 진다."는 조세 법률주의를 말한다. 제59조에서는 "조세의 종목과 세율은 법률로 정한다."라고 하여 이를 별도로 규정하고 있다.

이러한 조세 법률주의는 영국에서 확립된 "대표 없는 과세課稅 없다."의 원칙에서 유래한 것이다.

세금은 국가나 지방 자치 단체가 그 재정 수요를 충당하기 위해 개별적인 보상 없이 국민으로부터 법률에 따라 징수하는 것이다. 국가는 납세자가 낸 세금으로 나라의 살림을 운영한다. 하지만 세금을 내는 국민의 입장에서 가능한 세금을 적게 내거나 좀 줄여서 내고 싶은 것이 납세자의 솔직한 심정이다.

납세는 국민의 4대 의무에 속한다. 그런데 이러한 의무를 틈만 보이면 피하려는 것이 엄연한 현실이다. 피할 수만 있다면 누구든 그의 유혹에 넘어가고 싶은 것이 사실이다.

세금을 적게 내는 행위를 합법적으로 하는 절세節稅와 법망을 교묘히 피해 탈세하는 조세 회피租稅回避 그리고 불법으로 세금을 회피하는 탈세脫稅가 있다.

1 절세란 세법에서 인정하는 방법으로 과세 소득을 감소시켜 합법적이고 합리적인 수단으로 조세 부담을 경감하는 것을 말한다.

즉, 절세란 납세자가 세법의 범위 내에서 여러 가지 위반되지 않는 수단으로, 조세 부담을 줄일 수 있는 권리라고 정의할 수 있다. '납세는 국민의 의무이자 권리이고, 절세는 국민의 권리'이기 때문이다.

2 조세 회피다. 조세 회피란 세금을 면탈하기 위해 비정상적인 수단으로 조세를 피하는 것을 말한다.

세계적인 기업 중 자국에 세금을 납부하는 것보다 변호사 수임 비용이 적게 요구되면 이러한 조세 회피를 이용하고자 조세 전문 변호사를 영입한다.

그 결과로 자국에는 세수 수입에 큰 손실을 끼친다. 이런 행위는 법망을 교묘히 이용하여 면탈免脫하려는 범죄 행위이고 일반적으로 탈세와 함께 조세불응租稅不應이라 한다.

비정상적 탈세 행위이므로 수익 전액 몰수와 강력한 형사 처벌이 선행되어야 한다.

③ 탈세이다. 조세에 관한 법률을 위반하여 조세수입의 실질적인 손실을 가져오는 범죄 행위다. 다시 말하면, 고의로 사실을 왜곡歪曲하여 세금 경감을 얻으려 소득의 전부 또는 일부를 누락시키거나 소득을 결정하는 데 필요한 사실을 은폐 또는 가장하는 것을 말한다.

탈세 행위의 유형으로는 미등기전매, 가장증여, 명의신탁 등 차명거래借名去來, 계약서 조작앞다운 계약서 작성, 위장전입 등 이외에도 여러 가지의 유형이 있다.

그런데 탈세 문제가 되는 것 중 가장 안타까운 점은 탈세한 사람이 당연히 부담해야 할 세금이 다른 선량한 납세자들에게 전가轉嫁되기 때문이다.

조세 당국은 탈세로 인해 덜 걷힌 세금을 보충하기 위해 세율을 높일 수밖에 없다.

과세 자료가 전부 노출露出되어 탈세할 수 없는 사람, 자기 소득을 사실대로 신고·납부한 성실한 납세자들은 억울하게 남이 탈세한 세금까지 부담을 안을 수밖에 없다. 현재 이러한 일부 탈세범들의 불법 행위에 성실 납세자들의 불만과 피해가 조세저항租稅抵抗으로 이어지고 있다.

세금을 더 내고 싶은 사람은 아무도 없을 것이다. 절세할 방법이 있다면 누구도 마다하지 않을 것이고 드러나지 않는다면 솔직히 탈세도 하고 싶을 것이다.

그러므로 가장 중요한 정부의 역할은 탈세하고 싶은 마음이 있더라도 사실상 불가능하도록 그 방법을 원천적으로 봉쇄해 탈세의 소지를 제거해야만 한다. 그리하여 모든 납세자에게 '세금과 죽음은 피할 수 없다'는 인식을 갖도록 해야 한다. 탈세에 대해서 어떻게든 꼼수를 쓰려고 하는 마음은 동서고금東西古今을 막론하고 동일하다.

로마 제국의 붕괴, 미국의 독립 전쟁, 중국의 진나라, 한나라 교체기 등 역사적 전환기를 맞이한 시대적 배경을 보아도 한 시대의 말기에는 대규모의 탈세와 세제 시스템에 문제가 생겼고, 그것은 곧 국가를 위난에 빠트리는 결과로 이어졌다.


유럽 국가 중 부패가 심하지 않은 나라로 알려진 독일에서는 탈세 관행의 단절을 위해 법원이 앞장섰다. 2008년의 독일 연방 최고 법원의 제1 형사 법정의 판결은 형사적 처벌의 수준을 구체화하고 강화시킨 획기적인 사례이다. 연방 최고 법원은 큰 규모의 탈세 행위에 대해 6개월에서 10년까지의 징역형이 내려져야 한다고 판시했다.

과거에 추징 세액과 벌과금이 부과되면 징역형을 집행유예로 피하던 관행에서 벗어나는 사회적 큰 변곡점이 생긴 것이다.


미국의 경우 연방 국세청은 개인이든, 법인이든 모든 탈세 행위는 중대한 범죄로 취급되어 엄벌의 대가를 치르게 한다. 또한, 탈세한 사실을 뒤늦게 자진 신고하여도 벌금과 실형을 면치 못한다.

우리나라의 탈세범에 대한 사법 당국의 모습은 어떤가? 사법 당국의 자세는 탈세범에 대해 '초범이고', '동종전과同種前科가 없고', '개전改悛의 정情', 즉 잘못을 뉘우치고 있으므로 가벼운 집행 유예執行猶豫 혹은 벌금형에 그치는 실정이다. 이러한 범법자들에게 대한 관대한 법 적용은 나라에 범죄자를 양산量産하며, 법원이 자초한 업무만 가중하고 있다.

탈세 행위는 다른 범죄 행위보다도 더 악랄한 행위로 간주된다. 나라 살림을 좀먹고 사회를 혼란에 빠트리는 중범죄 행위인데 법원 판결은 관용과 관대한 처벌에 그치는 실정이다.

사법 당국司法當局은 국세청의 세무 조사 후 고발이 있을 경우 범법 행위자에게 전원 구속 수사를 원칙으로 하고, 허위 신고, 고의가 없는 누락 신고漏落申告도 구속 사유로 다스려야 한다.
투기 행위는 나쁘다고 여론몰이를 할 것이 아니라 투기의 탈세금을 강력한 징벌세懲罰稅로 반드시 환수해야 한다. 오로지 초범이라도 일벌백계一罰百戒로 죄를 다스려서 무관용 원칙으로 탈세 범죄脫稅犯罪를 줄여야 할 것이다.

법원도 '헌법과 법률 그리고 판사의 주관적인 감정이 다분히 개입介入될 수 있는 판사의 주관적 양심이 아닌, 국민의 법 감정과 공감대를 형성할 수 있는 사회적 양심에 따라 심판해야 할 것이다.'

사법 당국은 적극적으로 범죄 사실에 대한 소명疏明이 있어야 하고 국민 경제에 대한 심대甚大한 영향을 끼치는 부동산 탈세범에 대해 앞에 이야기한 미연방 국세청과 같은 엄격한 판단 기준을 마련해야 한다. 그리하여 납세자들에게 "소득이 있는 곳에 세금이 있다."라는 강력한 메시지가 전달되어야 할 것이다.

부정한 탈세 행위의 방지를 위해 노력하면서 투자자들이 무한한 능력으로 그들의 투자 이익을 창출할 수 있는 투자 시장이 확산되어야 한다.

수지청자상무어水之淸者常無魚라는 고사성어가 있다. 뜻은 "맑은 물 속에는 물고기가 살지 않는다."이다. 수심이 얕고 맑은 물에는 물고기들이 별로 없다. 간혹 있어도 작은 물고기뿐이다. 그 이유는 물고기들이 숨을 수 있는 곳이 없고 물이 맑으면 물고기의 먹이가 없기 때문이다. 큰 물고기들은 물이 깊으면서 탁하고, 몸을 숨길 수 있는 수초水草나 방죽防竹이 있는 곳으로 모인다.

부동산 시장도 마찬가지로 너무 투명하고, 정부의 잦은 정책 변동이 없다면 진정 고소득자들에게 돈 되는 물건이 별로 없으므로 그들의 움직임도 둔해진다. 부동산 시장이 너무 깨끗하거나 조용하면 좋은 물건이 많이 나오지 않는다.

정부가 정책을 자주 발표하는 것은 투자자들에게 투자할 곳을 알려주는 기회이며, 귀중한 포인트이다. 이러한 기회를 잘 이용하는 능력이 있는 투자자는 진정 고소득자가 되는 것이다.

## 4. 무한한 창조력

부동산 투자에서 성공의 가장 큰 조건은 무한한 자신의 창의성과 능력이다. 이는 무한한 창조력이다. 사람은 누구나 이러한 조건을 가지고 태어난다. 이 두 가지 조건은 어느 직업을 갖더라도 충분히 발휘하였을 때 명예와 부富를 함께 거머쥘 수 있다. 특히 이러한 필수 조건을 갖추어야 하는 직업이 바로 다른 사업보다는 비교적 단기간에 이룰 수 있는 부동산 사업이다.

우리나라는 부동산 범죄를 다른 범죄보다 무겁게 처벌한다. 심하게 표현을 하면 탈세 혐의로 영혼이 탈탈 털리는 혹독한 조사, 강력한 수사로 인한 트라우마Trauma: 심리학에서는 정신적 외상 충격를 받는다는 것은 회생 불능인 자신감 하락으로 이어져 무한한 창조력을 발휘할 수가 없다. 즉, 부동산 탈세 혐의로 수사 내지 조사를 받는 순간 무한한 창조를 발휘할 수 없다.

탈세를 생각한 순간 모든 것은 끝이다. 순간의 잘못된 생각으로 쉽게 돈 벌려다 모든 것을 잃게 된다. 진정 고소득자가 되려면 수사 기관에 가는 일이 없어야 한다.

국세청이나 검찰청 앞을 지날 때 자신 있고, 당당하게 지날 수 있는 투자자는 반드시 성공한다. 우리 마음의 자신감은 무한한 우주의 잠재적인 능력과도 같다. 자신감과 무한한 창조력으로 무장된 투자자는 반드시 성공한다.

'자신감은 성공의 비결'이라는 미국의 랄프 에머슨Ralph W Emerson, 1803~1882의 말처럼 무한한 자신의 능력을 믿고 확고한 신념이 있을 때 비로소 투자로 성공한다.

# 제5장

# 불규칙 순환 과정

부동산 투자 시장에서 저소득자들의 투자 행위와 투자 매매 시점에 대한 이야기를 하겠다. 부동산 투자 진정 고소득자이하 '진정 고소득자'라고 함와 저소득자의 투자 차이점이 무엇인지 비교해보기 바란다.

부동산은 수익을 창출하는 물질로 풍요로운 삶을 누리고 이용함으로써 삶의 효용效用을 높이는 궁극적인 자산이 된다.

특히 우리나라에서 부동산은 교육, 결혼, 지위, 취업 등의 경제적 능력과 더불어 사회적 지위를 결정하는 요인이 되고 있다. 봉건사회도 아닌데 사람 신분이 위아래로 평가되는 계급식 개념에 비추어지고, 사람과 사람 사이에 거리를 생기게 하는 양극화 현상兩極化現狀의 직접적 원인이다.

사실 20년 전 IMF 시절, 노후에 집 한 채와 자가용 정도 있으면 그런대로 성공한 중산층 인생이었다. 부동산은 가정 경제에 주요한 자산 소득원이 되었고, 때로는 국가 경제의 성장과 발전의 발목을 잡을 정도까지 위험에 큰 비중을 차지하는 시절이었다.

이런 복합된 작금昨今의 경제, 정치, 사회 분야는 이제 한 치 앞을 내다볼 수 없는 혼돈混沌의 도가니 속에서 글로벌 위기까지 겹치며 서로 불가분의 관계로 엮여있다.
부동산, 환율, 주가株價, 금리 물가, 정책, 경제 지표도 마치 럭비공처럼 어느 방향으로 튀어갈지 모르는 상황이 전개되고 있다.

어쩌면 사람이 살아가면서 자신의 미래에 대해 궁금한 생각이 드는 것은 당연하다고 생각한다. 옳은 방향이란 생각이 들면 그 방향으로 가기 위해 많은 노력을 기울인다.

사실, 부동산 시장이 활황일 때 주변에 누군가가 투자로 돈을 많이 벌었다는 소문이 파다하게 퍼지면 '묻지 마 식'의 방법으로 벌떼같이 투매投買한다. 역으로 투자 시장이 침체기에 접어들면 걱정과 공포감이 극대화되면 부화뇌동附和雷同하면서 물건을 투매하며 썰물처럼 빠져나가곤 한다.
다시 가격 하락 요인보다 상승 요인이 많다는 소문이 돌면 투자를 하게 되고, 출처가 불분명한 헛소문으로 다른 낭패를 본다. 위와 같은 현상이 부동산 저소득자의 투자 모습이다.
교훈으로 삼자면 투자 시장에서 다른 사람의 조언에 좌지우지된 투자 사업은 성공할 수 없다.

지금 이 시각에도 수많은 투자 정보를 가장假裝한 언어들이 떠다니고 있다. 언론에 나오는 뉴스나 자칭 전문가라는 사람들의 의견을 비판 없이 받아들여서는 안 된다는 것을 독자들에게 분명히 말하고 싶다.

주식과 달리 부동산은 환금성이 더딘 재화이므로 현금화를 원할 경우를 대비해 투자 계획을 철저히 세워야 실패를 방지할 수 있다.

무엇보다 부동산 사업은 자신의 철저한 책임과 투자 원칙에 의한 투자가 먼저 실행되어야 하며, 투자 전략과 순발력의 조합을 절묘하게 갖춘 사람들이 성공한 투자자가 될 수 있다.

## 1. 불규칙 순환

다른 투자 사업도 마찬가지지만 부동산 시장도 불규칙한 상승, 조정, 하락을 반복한다. 상승 시 매입을 하면 값이 오르고, 하락할 때 매입을 하면 가격이 하락하는 것이 일반 투자 시장의 기본 원칙이다. 투자 환경이 매번 같지 않고 투자 시장마다 투자자의 심리가 다르게 작용되기 때문이다.

시장의 사이클은 실물 경제의 흐름, 해외 정세, 환율이나 이자율 변동, 인구 증감 등 외부 요인들과 투자자의 심리 상태, 불안감 등으로 등락 폭이 들쑥날쑥 한다.

물론, 부동산 실물 시장도 이러한 외부 요인에 의해 등락이 있을 수 있다. '보이지 않는 규칙'에 의해 잔파고殘波高가 어느 정도 시간이 흐르면 자생력自生力을 가지고 있어 부동산 시장은 원래의 위치로 복귀하려는 습성이 있다.

불규칙 잔 파장殘波長의 관성은 수요와 공급의 가격 점인 원상태로 돌아가려고 한다는 것이다. 그러나 정부는 복귀하려는 시간을 기다리지 못해 규제를 가하고 그 효과가 가시적可視的 성과를 내지 못하면 강한 규제를 더한다.

부동산 시장은 기본 원리인 수요·공급의 원리만으로는 부동산 사이클의 불규칙 순환 구조를 설명할 수가 없다. 보통 시장 경제에서 수요와 공급의 원리는 조율되는 시간차가 그리 크지 않아서 초과 수요와 초과 공급이 발생할 가능성은 적다.

하지만, 주택 시장에서 아파트는 현시점 수요를 기준으로 분양이라는 절차를 통해 공급량을 책정하지만, 실제 공급이 이루어지는 것은 입주 시점인 2~3년 후라는 시간적 격차가 발생하는 문제점이 생긴다. 이러한 시간의 차이가 수요 예측이 빗나가면 과대 공급을 만들어 내고, 이 때문에 가격이 하락하는 구간이 발생하며, 하락의 정점을 기준으로 공급이 대폭 축소됨으로써 다시 가격이 불규칙으로 상승하는 구간이 생긴다. 계속되는 수급의 오류誤謬는 불규칙 순환 사이클을 형성하게 된다.

여러 원인에 의하여 부동산 시장은 항상 바다의 파도波濤와 같이 변화무쌍하다. 파도는 항상 일정한 거리, 속도, 시간, 높이로 움직이지 않는다. 배가 파도의 물결에 따라 움직이면 잘 뒤집히지 않듯이 부동산의 투자 행위도 시장의 흐름에 맞추어야 투자 이익을 낼 수 있다.

거주居住가 주목적이라면 다르다. 부동산 투자와 실거주용 매입은 그 목적에 있어서 큰 차이가 있다. 투자용은 누구나 알고 있는 가치에 중심을 두게 된다. 실거주용 매입의 경우 주거의 안정이 큰 부분을 차지하기에 가격 상승이 반드시 절대적이지 않다.

시세 차익을 목적으로 투자했을 때는 상황이 달라지므로 체계적이고 철저한 분석이 선행되어야 한다.

투자 시장을 이해할 수 있는 통찰력通察力과 과감한 변화의 요구에 발맞추어야 한다는 것이 더 근본적이고 확실한 이유이다. 투자는 현금 소비를 희생시키면서 미래의 수익을 얻는 행위이므로 당연히 그만큼의 시간에 대한 보상을 생각할 수밖에 없다.

투자할 때는 시장의 흐름이 어떻게 움직이는지 일반 실물 경기까지도 분석해야 한다.

특히, 단기 투자일 경우는 환금성換金性을 최우선 순위에 두고 장기 투자일 경우는 기회비용機會費用을 고려하여 투자 수익이 높은 물건에 투자해야 한다.

투자자의 심리는 값이 상승하면 더 오를 것 같아서 매수하고, 값이 내리면 더 내릴 것 같아서 매도하게 된다. 매수 후 가격이 하락할 것을 두려워하는 공포와 지금보다 더 싸게 매입한다면 더 많은 차익을 얻을 수 있다는 과욕이 매수, 매도 시점의 혼돈에 빠지게 한다.

# 2. 부동산 투자 저소득자들이 매매하는 시점

1 일반 매매 시장에서 매수 시점이다.

① 그동안 강화되었던 부동산의 각종 규제가 완화되는 시점이다. 경기가 장기 침체에 접어들게 되면 정부 당국은 규제 완화 정책을 펴서 시장을 살리려고 한다. 규제 완화로 건설 경기가 회복되면 세수가 증가한다. 예를 들어 중과세 폐지, 취·등록세 완화, 전매 제한제도 폐지, 양도세의 한시적 감면 등 정책이 지속될 경우가 부동산을 매수할 시점이 된다.

② 금리가 하락하는 시점이다. 금리 인하로 사람들은 은행에 예치하기보다는 부동산, 주식 등 투자가 이어지고 부동산 시장이 활성화된다.

③ 정부가 공공시설 같은 개발호재開發好材를 발표하는 시점이다. 지하철 건설, 신설 도로 등이 발표되면 그 지역 부동산값은 대략 3회 정도 상승한다. 개발 공사를 발표하는 시기에는 당연히 그 값이 상승하지만, 결과적으로 발표 이전 소문에 의해 가격이 상승한다. 그 후 많은 광고를 통해서 널리 알려지면 착공할 때 더욱 오른다. 마지막은 개발이 완공된 후의 상승이다. 완공 후 사람들이 유입되고 주변에 수익형 상가 또는 공동 주택이 건축된다.

④ 새로운 도시가 형성되는 시점이다. 즉, 유동 인구가 많은 낙후된 주택 밀집 지역에 대단위 아파트가 건설되는 경우이다.

⑤ '건축의 양量'과 '부동산의 거래량去來量'의 지표로 판단한다. 먼저 건축의 양이 증가하면 부동산 경기가 회복된다고 판단한다. 건축의 양에는 건축 완공량, 건축 허가량, 건축 착공량 등

이 다 포함된다. 다음은 '부동산의 거래량'이다. 거래량이 증가
하면 지표상 이미 부동산 경기가 회복되었음을 나타낸다. 이는
주택의 거래량, 택지의 거래량 등으로 측정한다.
⑥ 이외에도 대형 쇼핑센터, 백화점, 놀이 시설 등의 개발 계획이
있는 곳에 투자한다.

2 일반 매매 시장에서 매도 시점이다.
① 시중 금리가 상승할 때
② 각종 언론과 뉴스 또는 인터넷에서 부동산 경기에 대해 자주
언급될 때
③ 신축상가 또는 신규 아파트 양이 증가增加할 때
④ 부동산 시장이 활황일 때
⑤ 부동산 시장에 규제가 시작될 때
⑤ 미래 가치가 없고 보유했을 때 위험이 증가하는 물건을 매수
했을 때
⑦ 시중 금리가 다른 매물이 많이 나오고 이미 가격의 상승이 둔
해질 때
이상은 매매 시장에서 나타나는 징표들로서 저소득자들이 매매
시점으로 잡고 있는 징표들이다.

## 3. 순환 주기설

부동산 시장에서 순환 주기설이 가지는 이유는 단지 매수와 매

도 타이밍을 잡아낼 수 있다는 것만을 의미하지 않는다. 그보다는 순환 사이클이 주기적으로 움직인다면 그 사이클의 변곡점變曲點에서 발생하는 현상을 토대로 부동산 사이클을 결정하는 인과 관계因果關係를 밝혀낼 수가 있다. 이는 가격의 상승과 하락을 결정하는 근본적인 요인들을 분류할 수가 있다는 의미가 되는데, "정말로 순환 주기설이라고 부를 정도의 시장 방향성의 순환이 존재하는가?"라는 문제로 약 50여 년 동안 우리의 부동산 사이클을 보면 일정 주기로 순환하지 않았다는 것을 알 수가 있다.

일반 경기 순환론에서나 적용되는 슘페터Joseph Alois Schumpeter, 1883~1950의 경기 순환론인 키친 사이클Kitchin Cycle 약 40개월, 쥬글라Juglar 10년, 콘트라 티에프Kontrratiev. N. D 50년의 주기설을 부동산 경기에 응용하려는 사람들이 있다.

정말 일정한 주기를 가지고 일시적으로 마치 계절이 바뀌듯 일어난다는 부분은 극히 우연의 일치다.

등락하는 부동산의 불규칙 사이클은 그 기간을 예측하기가 매우 힘들다. 더욱이 정확하게 맞춘다는 것은 사실 불가능하다.

어쩌다 단기적으로 일치할 경우는 사이클 자체가 아니고 경기와 금리, 정부 정책, 주택 수급 상황, 인구 구조 변화 등의 돌발적 변수에 따라 불규칙으로 출렁거린다. 이런 가설의 설정은 논리적 비약이라는 비판을 면할 수 없다.

경기 상승과 침체 확장과 수축, 호황과 불황 같은 이야기들은 순환론의 근거를 어디에 두느냐에 따라 그 분석 결과가 달라진다.

이들 중 어느 요소로 단순히 경기의 팽창과 수축과 침체의 바닥을 예측하고 나아가 그 시점을 알려고 하는 행위는 실로 무의미하다.

일부 이론 경제학자들이 일정한 관념에 사로잡혀 단기적인 우연의 차트를 보고 부동산 순환 주기설循環週期設이라고 말하는 것은 마치 돈키호테가 풍차를 향해 뛰어드는 것과 같다.

일반 경기 순환 주기를 일으키는 요인은 모두 부분적으로 설득력이 있지만, 부동산 경기는 그들이 주장하는 주기週期를 따르지 않는다. 다시 말해 각각의 사이클이 더해진 결과는 불규칙하게 진행된다는 말이다.

각 파장이 다른 음파 여러 개를 합성하게 되면 불규칙 곡선이 된다. 변수가 상호 작용하고 비선형적非線型的인 결과를 낳으면 변수의 영향이 불확실한 데다 모형 밖의 변수가 갑자기 발생해 충격을 주기 때문에 예측하기 더욱 어렵다.

따라서 어느 기期의 시장 경제 상태가 일정 시일 이후 반복해서 나타나지 않는다.

우리가 버려야 할 것은 순환 주기라는 고정 관념固定觀念이고, 취해야 할 것은 사이클을 만드는 패턴은 존재하지만, 그 주기는 진행 과정에서 변한다는 것이다.

부동산 투자와 다른 투자 종목 모두 투자 시점이 매우 중요하다. 진정 고소득자들처럼 투자 성공률을 높이려면 시장의 움직임보다 한 박자 빠르게 움직여야 한다.

위에서 이야기한 일반 매매 시장에서 저소득자들이 매수·매도 시점을 기다릴 때는 이미 진정 고소득자들에게는 모든 상황이 종료된 시점이다.

투자 시장에서 별로 먹을 것이 없는 껍데기만 남아있는 시점으로 보면 된다. 저소득자들이 이런 징후 때 투자를 했으면 의욕적으로 한만큼 투자 소득이 있어야 하지만 사실 그러하지가 않다.


## 4. 불규칙 순환의 이유

① 저소득자들 또는 전문가라는 사람들조차 부동산 투자 시점을 단기적으로 예측하려는 욕심을 벗어버리지 못하는 데 있다.

투자자라면 누구나 투자 시점을 제대로 선택하고 싶은 희망 사항을 갖지만, 실패의 습관을 버리기 쉽지 않다.

그리하여 필자는 저소득자들이 위에 나열된 매수 시점과 매도 시점을 선택해서는 투자 실패를 하거나 투자 소득이 별로 없다는 점을 이야기하는 것이다.

② 위에 있는 시점들은 제6장 '100의 허수'에서 진정 고소득자의 투자 모습이 아니다.

부동산 시장에서는 매매 시점이 매우 중요한 것은 말할 필요가 없지만 이런 매매 시점의 기회를 놓치는 이유는 자신이 소유하고 있는 물건에 대한 가치 평가를 할 때 객관적인 평가가 아닌 본인의 주관적 평가에 집착한 소유효과所有效果: 어떤 물건을 소유했을 때 소유하기 이전보다 더 많은 가치를 느끼는 현상 때문이다.

중요한 매도 타이밍에서 과감한 결정을 못 내려 타이밍을 놓치는 것은 매도자의 심리적인 인지認知의 오류 때문이다. 좀 더 정확하게 말하자면 매도자는 과욕過慾이 생겨 처분하지 않는다는 것이다.

부동산 시장에는 경기의 영향에 상관없이 항상 매수자와 매도자가 존재한다.

매물이 처분되지 않는 이유는 그 물건에 여러 가지의 문제가 분명히 존재하기 때문이다.

투자 시장에서는 미래 가치가 있거나 혹은 시세보다 저렴할 때는 어떠한 상황에서도 거래가 된다.

매매 시장에서 본인의 물건은 좋은 것으로 포장包裝되어 나오지만, 시장에서는 거래가 되지 않는다. 그런 이유로 매도하고자 하는 사람은 매매 시점의 기회를 놓치고 가격이 하락세로 돌아설 경우, 매매 실패를 맛볼 수밖에 없다.

부동산 시장이 상향 시장일 경우는 매도자가 매수자보다 우위 상태에서 매매를 할 수 있고 하향 시장일 경우는 매수자가 우위에 있으므로 투자 타이밍을 어느 정도 잡을 수 있다.

부동산과 같이 정찰가격正札價格이 아닌 협상을 통한 가격이 정해질 경우는 우위에 선 투자자가 협상을 유리하게 이끌 수 있다.

# 제6장

# 100의 허수

인류의 진화 과정 중 농경 사회에서 산업 사회로의 전환은 농사의 역할보다 토지를 활용活用할 수 있는 산업 시설과 상업 시설로 대체되었다.

비옥肥沃한 토지에서 농산물을 생산해서 판매하는 이익보다 힘들게 일을 하지 않아도 훨씬 많은 이익을 가져다주는 것을 터득하게 되었기 때문이다. 인간의 삶이 편안해지고 물질이 풍요해지자 토지에 대해 경제적인 가치價値의 평가를 새롭게 추구하게 되었다.

토지 활용이 사람들에게 필요한 물건을 만드는 경제 행위로 인식되며 많은 이윤이 창출되자 자연스럽게 사람들이 모이는 상권商圈이 형성되고, 토지 가격 상승의 원동력이 되었다.

특히 우리나라는 세계의 어느 나라보다도 땅에 대한 소유욕이 강한 민족이다. 한정된 좁은 면적에 많은 인구로 인해 소유애착심所有愛着心이 생긴 것이다. 땅의 활용 가치를 변화시키면 가격도 상승하고 재산 증식의 수단으로 기능한 데 따른 영향이다.

토지의 수요가 급증하게 되자 투자자들은 토지에 대한 가치를 새롭게 인식하게 되었다. 경제 근대화의 시발점인 제1차 경제 개발 계획이 수립되고 투자 열풍이 전국적으로 불붙기 시작하였다.

곳곳의 토지는 산업 단지와 주거 단지로 변모하였다. 기업의 입장에서 보면 생산을 위해 토지를 매입하여 공장을 건설하고, 주택을 지으니 근로자들이 모였다.

선진국의 노조 환경을 받아들인 근로 현장에서는 근로 여건이 나아졌지만, 근로자의 임금 인상과 처우 개선 등 노사 분규가 일어나고 계속되는 노사 쟁의로 힘들어지자 골머리 앓는 기업 운영보다는 차라리 편안하게 부동산 투자, 투기로 돈을 버는 것이 훨씬 경제적 이득이 컸다.

대기업들은 1990년대 IMF 이전까지 어렵고 힘든 기업 운영보다는 중요 정보를 이용하여 '묻지 마 식 투자'로 전국의 알짜배기 땅을 닥치는 대로 매입하였다.

정경 유착政經癒着이 이루어지고, 정부의 고급 국토 개발 계획에 대한 정보를 얻으면서 암묵적으로 개발 가능성 있는 땅들을 매입하여 엄청난 시세 차익을 남기곤 하였다. 단지 소문으로만 투자를 해도 성공할 수 있는 시대였다.

일반인들에게 공개되기 전 정당 고위층도 땅 투기에 합세하였다. 일반적으로 개발 계획은 첫 삽을 뜨기 수년 전에 완료되는데 이런 정보를 이용하여 투기를 행하였고, 기업에 고급 정보를 흘려 땅을 사라고 독려하던 시절이었다. 정부는 정책적인 사유事由로 강남을 개발하기 위해 강북의 인구를 강남으로 유입하고, 개발 정보를 공공연히 유출했다. 지금으로는 도저히 상상할 수 없는 일이었다.

기업은 여러 정보와 뇌물을 이용하여 전국의 노른자위 땅을 매입할 수 있었다. 부수적으로 엄청나게 값이 오르는 부동산 투기로 쉽게 돈을 버는 것이 노사와 대립하며 기업을 경영하는 것보다 쉬운 일이 되었다. 이는 결국 땅값을 폭등시키는 원인으로 이어졌고, 기업들의 이러한 행태는 이재理財에 밝은 일반 투자자들에게도 영향을 끼쳐 너도나도 투기에 혈안이 되었으며, 상대적으로 그렇지 못한 사람들은 위화감과 상대적 박탈감을 느끼는 양극화의 토대가 되었다.

국가 주도에 의한 기업들의 생산 제품 수출은 경제 성장에 견인차 역할을 하는 긍정적인 면도 있다.

결국 도덕적 해이解弛와 맞물려 정부의 수출 성장주도 산업 시설 투자에 외국 차관이 도입되면서 국가채무 증가로 이어져 훗날 우리 경제를 IMF까지 몰고 가는 원인이 되었지만, 반면 IMF 위기는 오히려 우리의 경제를 선진국으로 향해 성숙하게 성장할 수 있는 원동력이 되고 경제 기반을 구축하는 데 이바지하게 되었다.

압축 성장壓縮成長의 결과물로 주거용 아파트 평수를 넓혀 가는 것을 꿈으로 여긴 사람들의 욕망은 본능적으로 조금 더 넓고, 쾌적한 삶을 지향하였다.

욕망을 위해서 사람들은 개발 정보를 사전에 입수하여 엄청난 투기 이익을 얻어 갔으나 사회에 많은 후유증後遺症도 함께 남겼다.

부작용의 반작용으로 정부 당국은 정권 유지를 위한 수단으로 부동산에 관한 규제를 만드는 법률을 재정비하였고 강력한 단속도

이어졌다.

투자는 그 시대에 맞는 방식과 수단으로 방향을 전환해야 하는데 그 전환의 시발점은 과연 무엇일까? 바로 투자의 매수 시점買受時點과 매도 시점賣渡時點이다.

이것은 저소득자, 초보자, 부동산에 관심이 있는 사람들 모두에게 가장 중대한 관심사이다. 그러나 부동산 투자는 항상 예상을 벗어난다.

그 이유는 상품에 대한 확신과 진정 정확한 정보가 없고, 투자자들의 투자 수익에 대한 기대 수익도 모두 다르기 때문이다.

모든 투자 정보망에는 친절하게도 많은 다양한 투자 성공에 대한 정보들이 내재되어 있다. 과연 얼마나 신빙성을 내포하고 있을까?

부동산 이외에도 다른 투자 상품으로 주식, 펀드, 채권, 가상 화폐, 금·은 등 많은 상품이 있으나 앞서 말한 바와 같이 큰돈을 벌었다는 재벌, 혹은 신흥 부자들이 지닌 부富의 원천이 제조 사업으로 한 부분을 차지하고도 남으나, 실제로 부동산 투자로 큰 재산을 만든 일면도 무시할 수 없다.

## 1. 부동산 투자 진정 고소득자

이렇게 부동산 투자 사업으로 많은 부를 축적해 온 부동산 투자 진정 고소득자이하 '진정 고소득자'라 함는 어떠한 비법과 기술을 가졌는지, 소위 말하는 인생에 있어 사주팔자四柱八字에 재물이 많은 팔자로 태어난 것인지 궁금한 것들이 있어 필자도 관심을 가져 보았지만, 큰 특징은 발견할 수 없었다.

이 책의 기본적인 핵심은 저소득자도 진정 고소득자처럼 고高수익을 올리는 데 도움이 될 수 있는 핵심내용을 집필한 것이다.

필자는 많은 투자자가 타성他姓에 젖어있는 현재의 투자 습관들을 바꿀 수 있다면 그들도 진정 고소득자의 대열에 합류할 수 있다고 본다.

많은 저소득자가 고수익을 위한 투자 행위가 아닌 조바심과 경솔한 행동을 하면서 요행을 바란다.

한탕주의를 바라며 차액을 남기려는 악습관을 고치지 않고는 고수익을 올릴 수 없다.

필자는 이 책을 솔직한 마음으로 대하는 독자들에게 시간의 차이는 있을지라도 고소득을 올릴 수 있는 투자의 길로 안내할 것이다. 진정 고소득자는 어떻게 고소득을 올리는지에 대해서도 이야기 하고 싶다. "진정 고소득자는 어떻게 해서 높은 투자 수익을 내는가?" 이 부분이 독자들에게 가장 중요한 관심사이다.

필자는 독자들이 컴컴한 미로迷路 속에서 헤매지 않도록 한 줄기 불빛으로 향하는 안내자가 되고자 한다.

## 2. 진정 고소득자는 2가지 방식을 취한다

**첫째,** 오늘날 부동산은 온 국민에게 재테크 대상으로 각인되었다. 앞서 언급한 예전의 강남 개발 시절 부동산 투기는 개발 정보를 미리 입수한 재벌, 권력층, 그리고 주변 자산가들의 전유물專有物이었다. 당시 고위 관료 또는 비선조직祕線組織들은 어렵지 않게 직접 숨은 정보를 수집하여 발 빠르게 남보다 앞서 투기를 하였다.

지금은 예전과 다른 극비 정보 시대가 되면서 개발에 대한 숨은 정보는 상급 관청의 대외비對外祕로 직접 관련된 소수인만이 알고 있다. 이러한 개발 정보를 알아낸다는 것은 대단히 어렵고 험난한 일이다.

적발되면 부동산 투기 비리사범非理事犯으로 몰린다. 비선에서 나오는 정보는 사회에 큰 파장을 일으켜 사회 문제가 되지만 극비 정보를 알아내어 투자하는 것도 결과적으로 투자자의 대단한 능력이다.

**둘째, (가)** 진정 고소득자는 노력으로 숨은 정보를 찾아낸다.

많이 알려지지 않은 숨은 정보는 부동산 투자 정보의 고유 특징에 따라 그 속에 가려져 있다.

저抵소득자는 언론, 강의, 인터넷, 또는 자칭 전문가 등 여러 경로를 통해 숨은 정보를 쉽게 얻을 수 있다고 착각하며 그러한 정보를 진실이라고 믿는다.

부동산의 특성상 숨은 정보는 외부에 노출되지 않는다. 소문으로 떠도는 정보, 이미 외부에 알려진 것은 숨은 정보가 아니다. 어떤 전문가가 비선을 통해서 진짜 숨은 정보라고 강의한다면 그 전문가도 사실 제대로 알지 못하고 그저 들은 이야기를 전달하는 것이다.

진짜 정보는 쉽게 대외적對外的으로 퍼지지 않는다. 그럴 가능성은 낮겠으나, 진짜 숨은 정보는 전문가 본인만 알고 거짓으로 정보를 흘릴 가능성도 있다. 진정 고소득자가 되기 위해서 그들의 투자 행동과 말을 그대로 모방한다거나 그들이 시도하는 것을 따르게 되면 실패한다.

투자 행동의 모습을 전혀 노출하지 않는 고소득자와 같이 행동한다는 것은 불가능하다. 서로가 경쟁자인 진정 고소득자들 사이에서도 숨은 정보에 대해 서로 말하지 않는 것이 그들 사이의 불문율不文律이다. 그들의 행동을 모방할 때쯤 이미 진정 고소득자는 투자 시장을 저 멀리 떠난 후이다.

투자자의 투자 감각은 투자자 본능의 영역이므로 이미 다른 사람이 만들어 놓은 투자 시장의 조사를 믿어서는 안 된다. 숨은 정보는 여러 사람이 공유共有할 수 없는 오로지 투자자 본인만 단독 소유하는 것이다.

진정 고소득자는 숨은 정보를 찾기 위해서 많은 노력을 하고 분석을 한다. 진정 고소득자 자신의 신분을 외부에 드러내는 어리석은 행동을 지양하고 외부에 노출해서 득 되는 것이 없으므로 절대 노출하지 않는다.

진정 고소득자는 부동산 시장에 들어올 때나 떠날 때 뒤돌아보지 않고 흔적도 없이 조용히 바람같이 빠져나간다. 이러한 진정 고소득자의 투자 모습이 저소득자에게 어떻게 비추어질까?

(나) 진정 고소득자는 전국 지도를 항상 가까이하고 있다.

지도를 연구하는 것은 숲속에서 나무를 연구하는 것이 아니라 숲을 연구하는 것이다. 숨은 정보를 파악할 때 전체적인 숲의 형태를 보면서 밑그림을 그린 후 세부적인 사항을 그리는 것이다.

자세히 표시된 전국 지도를 펼쳐보면 광역시·군, 고속 도로, 국도, 산업 단지, 강 등 투자·개발에 대한 모든 숨은 정보가 내재되어 있다.

지도는 많은 정보가 알차게 숨어있는 보고寶庫이다.

그곳에는 국토 개발에 대한 국토 종합 계획도, 수도권 정비 계획도, 광역도시 계획, 도시 기본 계획, 및 지구 단위 계획이 있다. 국토 종합 계획은 향후 도로, 산업 단지, 항만, 공항, 신도시 등 대규모 개발 사업이 이 계획에 의해 추진된다.

수도권 정비 계획- 수도권에 집중된 과밀 인구를 적절히 분산 배치하여 산업의 입지立地와 도시의 개발을 적정하게 관리하기 위한 것으로 과밀 억제 권역, 성장 관리 권역, 자연 보전 권역으로 구분하고 있다.

과밀 억제 권역-인구와 산업이 지나치게 집중되어 있거나 집중될 우려가 있는 곳으로, 이전 또는 정비할 필요가 있는 지역이다.

성장 관리 권역- 과밀 억제 권역으로부터 이전하는 인구와 산업 시설을 계획적으로 유치하며, 산업의 입지와 도시의 개발을 적정하게 관리할 필요가 있는 지역으로 인구와 산업을 이전하여 분산, 유치하는 것이다.

자연 보전 권역- 이는 한강 수계의 수질과 녹지 등의 자연환경을 보호·보전할 필요가 있는 지역이다.

광역 도시 계획- 국토 종합 계획을 구체화하는 광역도시 계획

을 수립한다. 이는 둘 이상의 특별시, 광역시, 특별자치시, 특별자
치도, 시·군을 한데 묶어 개발하는 것으로 어디를 개발하고 보전할
것인지에 대한 계획을 수립한다. 이외에 도시 기본 계획은 지방 자
치 단체가 수립하는 계획이다.

진정 고소득자들은 업무와 관련된 관공서를 자주 이용하면서 향
후의 개발 예정에 대한 정보를 수집한다.

담당 관공서에서 얻을 수 있는 정보는 누구나 열람할 수 있으므
로 숨은 정보는 아니어도 참고하고 분석하면 많은 도움이 된다.

때로는 이러한 국토 개발 예정지역이 정권이 교체되면서 취소,
변경, 축소되거나 예산 문제로 연기되어도 고소득자들은 그동안
수집한 정보를 포기하지 않는다.

현 정부에서 취소, 연기延期해도 다음 정부에서 그 계획을 다시
실행할 확률이 높다는 것을 경험으로 알기 때문이다.

이처럼 진정 고소득자는 현장 중심으로 시장 분석을 하며 이러
한 정보를 다른 사람보다 앞서서 수집蒐集한다.

**(다) 진정 고소득자는 부동산의 흐름을 잘 파악하고 그 흐름에
대단히 민감敏感하다.**

투자에 성공하려면 부동산 시장의 변화에 대한 정보에 다른 투
자자보다 앞서야 하고 미래 상황에 대해 정확히 예측해야 한다.

지금은 투자 대상이 토지, 아파트, 오피스텔, 상가, 주상 복합 등
다양해져 투자자들의 선택지가 많다. 부동산 경기의 흐름은 불규
칙한 상승과 하락의 반복이며 이러한 현상은 일반 경제 흐름, 정부
정책, 실물 경제 흐름 등과 깊이 연관되어 있다.

진정 고소득자는 이러한 흐름을 알기 위해서 부단히 노력하며 세밀한 분석을 한다. 예를 들면 1997년의 IMF 당시 위기 사태가 올 것을 정부 핵심 담당자들, 진정 고소득자들은 이미 알고 있었다. 하지만 저소득자들은 전혀 예측하지 못한 상태였다. 그 후 부동산값이 폭락하자 자칭 부동산 전문가들조차 온갖 비관적인 전망만 남발하였다. 비관적 정세가 계속되고 더 폭락하기 전에 투매投賣하려는 현상이 벌어지면서 손절매로 이어졌다.

그러나 진정 고소득자는 반대로 부동산값이 다시 회복할 것을 예측한바 급매물急賣物이 쏟아져 나오자 향후에 전망이 좋은 알짜 급매물을 매입하면서 그 후 도래到來한 회복 시장에서 엄청난 차액을 남겼다. 이렇게 그들은 재물에 대한 동물적인 감각과 판단력을 발휘하며 부동산의 큰 흐름을 정확히 간파하는 능력을 갖추고 있다. 정치, 경제 등 복합적인 큰 흐름을 관통하는 주요 요인의 변화를 지켜보고 늘 연구하면서 아주 민감하게 경제가 부동산 시장에 어떠한 영향을 미치는지에 대해 요인들을 분석한다.

진정 고소득자는 부동산 시장의 큰 변동이 오기 전에 부동산을 처분한다. 큰 변동이 오기 전이란 이미 숨은 정보가 변동 속에 있으므로 외부에 노출되기 전에 다른 투자자보다 앞서 처분한다.

진정 고소득자는 부동산의 흐름이 매번 불규칙적으로 움직이므로 시중에 떠도는 주기설週期說 등을 믿지 않는다.

다만 그들이 가장 경계하는 것은 "과거에도 그랬으니 이번에도 그럴 것이다."라는 타성他姓에 젖은 고정 관념固定觀念이다. 부동산 시장에서 누구나 말을 만들어서 퍼뜨릴 수 있다. 그 말은 부동산 투자와는 전혀 관련이 없으므로 각별히 주의해야 한다. 고소득은 어떠한 그래프를 보고 투자 시점을 찾는 것이 아니다.

고소득의 투자 시점은 규칙 또는 여러 회수의 순환 주기로 나타낼 수 없다. 홍시紅柿가 먹고 싶으면 어느 늦가을날 나무 밑에서 떨어질 때까지 기다리게 되면 먹을 수 있지만, 부동산 투자 시점은 규칙적으로 어느 시점에 오는 것이 아니다.

**(라)** 진정 고소득자는 미래 가치를 보고 투자를 한다.

부동산은 교환 행위, 즉 매매 행위로 가치價値를 부여한다. 교환 행위는 부동산 거래 시 수요와 공급에 의해 가격이 등락한다. 지금까지 부동산의 투자 수익은 물가 상승률에 이자율을 합친 가격보다 훨씬 높아서 투자 위험을 생각할 이유가 없었다.

외환 위기와 세계 경제가 침체됐을 때 잠시 가격 폭락이 있었지만, 그동안의 미래 가치가 실물 가격에 거의 반영되어 IMF 회복 이후 불투명한 부동산 시장을 걱정해야 하는 상황까지 초래되었다.

이러한 등락의 혼돈 속에서 투자자는 주관적인 가격으로 물건을 선택한다.

부동산 시장에서는 투자자 스스로 선택한 가격이 객관적 가격을 설정해서 평가하려고 한다. 저소득자는 부동산 물건 가격을 진열된 일반 상품의 고시告示된 가격으로 평가하려고 한다는 것이다.

부동산 매매는 사 인간私人間의 거래이므로 부동산은 정찰가로 평가할 수 있는 물건이 아니다. 부동산 물건에 잠재된 미래 가격未來價格을 제대로 평가하려면 미래 부동산의 가치價値를 알아야 한다.

'가치'란 부동산을 매매할 경우 그 재화財貨에 받고 싶은 가격을 욕망으로 나타내는 것이다. 보통 부동산 시장에 나오는 물건은 그 가격 속에 미래 가치가 포함되어 있어 비싸다. 하지만 가격이 비싸다고 모든 물건이 가격만큼 좋은 것은 아니다.

가격은 비싸도 물건 자체가 형편없는 물건도 시장에 많이 있다. 외부에 보이는 것으로 평가할 것이 아니라 내면에 보이지 않는 가치를 평가해야 한다.

가격은 싼데 내재 가치가 좋으면 저평가된 물건이므로 좋은 상품이다. 이러한 상품은 투자자들 모두가 만날 수 없는 것이 부동산 매매 시장의 본모습이다.

쉽게 발견할 수 없는 물건이므로 부동산을 보는 안목眼目을 키우며 열심히 발품을 팔아야만 한다. 이러한 물건이 시장에 나와 있으면 진정 고소득자는 조용히 웃돈을 얹어 주어서라도 매입을 한다.

**(마) 부동산 투자 행위는 미래를 누가 먼저 차지하는가 하는 투자 선점 행위先占行爲이다.**

진정 고소득자는 부동산 과거 시세에는 관심이 없으며, 과거에 싸게 거래되었든 아니든 중요하지 않다.

지금 소유하고 있는 물건, 투자하려는 물건의 현재가치에서 미래에 몸값을 올려서 받을 수 있도록 덩치 큰 자산 가치로 만든다.

부동산 시장에서 물건은 하나의 상품으로 취급되므로 상황에 따라 쉽게 팔리거나 값을 많이 받으려면 물건을 변형시켜 좋은 상품으로 만들어야 하지만, 매수자 편에서는 원형 그대로 웃돈을 주고 매입하려는 투자자도 있으므로, 무조건 변형시키는 것은 옳지 않다.

상품 성형수술의 예로 지목 변경, 형질 변경, 분할, 합병, 농지 및 산지의 전용, 리모델링 등으로 업그레이드Upgrade한다면 미래 가치를 상승시켜 더욱 많은 시세 차익을 낸다. 좋은 입지立地도 중요하지만 결국은 좋은 거래의 성사가 중요하다.

좋은 입지가 아니어도 선전이나 사람들이 몰려들 심리적 효과로도 가치를 높일 수도 있다.

진정 고소득자는 미래의 가치를 읽고 미래 가치로 변화시키는 기술이 뛰어나다. 미래 시세를 보고 투자한다. 그러나 저소득자는 부동산의 가치를 눈에 보이는 상황인 현재 가치만 보고 투자를 결심하지만 이런 결과는 수익이 적거나 투자 손실로 이어진다. 미래의 내재 가치로 평가해서 투자해야 한다. 비록 투자 물건이 현재는 형편없어도 앞으로 어떻게 조건이 변화하는가의 성형술成形術에 따라 투자 가치가 높아지므로 다각적인 측면으로 분석하는 습관이 필요하다.

**(바) 진정 고소득자는 기회가 왔을 때 결단력決斷力이 강하다. 더욱 중요한 것은 확실한 목표물을 알고 있다는 것이다.**

세상은 빠른 속도로 변하면서 제4차 산업 혁명 시대로 접어들었다. 이러한 세상에서 도태淘汰되지 않으려면 새로운 시대의 요구에 발 빠르게 동화되어야 한다. 섣불리 잘못 결정을 내리면 많은 투자 손해를 볼 수 있으므로 어려운 상황이 닥치면 빠른 결단을 내리기가 더욱 어려워진다.

빠른 결단을 하기까지 투자자는 두려움을 느끼지만, 그것은 인간의 가장 원초적原初的이고 본능적인 감각이다. 그러한 과정까지가 매우 힘든 과정이지만 일단 결단하고 나면, 그 결정이 옳은 것이고 실패하지 않을 것이라는 자신과 믿음을 가져야 한다.

진정 고소득자는 항상 부동산 정보를 접하면서 생활하다 보니 직감력直感力이 뛰어나고, 한번 결정하면 반드시 실행하기 전까지 장애물이 있어도 피하지 않고 정면 돌파함으로써 매매 타이밍을 놓치지 않는 승부 근성을 가지고 있다.

그러나 그렇지 않은 것이 삶이고 사업이다. 진정 고소득자도 투자하면서 실패할 때가 있다. 진정 고소득자와 저소득자의 투자 성공률은 똑같이 50%이다. 그러나 진정 고소득자는 확정 성공률이고, 저소득자는 예상 성공률이다.

저소득자가 낼 수 있는 최고 예상 성공률은 50%이다. 진정 고소득자는 예상 성공률이 아닌 확정 성공률로 50~90%이다. 진정 고소득자의 성공률이 100%가 아닌 것은 이미 성공률이 90% 이상이 되면 이 장章의 제목처럼 100%는 의미가 없는 허수虛數이기 때문이다. 보기 드물게 진정 고소득자도 불가항력不可抗力으로 투자 실패를 하는 경우가 있다. 그러나 그 상황에 대해서 크게 신경 쓰지 않고 다시 좋은 먹잇감을 추적한다.

변화무쌍한 시대에는 결단력이 살아가는 데 강력한 무기武器이자 경쟁 도구競爭道具가 된다.

뚜렷한 목적을 갖고 스스로 강력하게 추진한다면 아무리 어렵고 힘든 일이라도 해낼 수 있는 능력이 인간의 내면에 있다.

인생의 성공자일수록 결단력과 실행력이 뛰어나며 결국 이들은 상류층 자산가로 진입한다. 그들의 강점은 확신이 있으면 망설이지 않고 실행한다는 것이다.

진정 고소득자는 투자 시 최대의 이익을 향한 외로운 별Loan Star이 되기 위해 노력할 뿐, 누구와의 경쟁심도 그들 세계에는 없다. 철저한 정보수집, 부동산의 흐름 파악, 미래 가치를 계산하면서 강력한 결단력으로 무장하고 치밀하게 분석하고 노력한다. 부동산 투자로 고소득을 올릴 수 있는 강력한 장점은 이런 노력의 결과물이다. 결단코 쉽게 목표를 이루려 하지 않으며 이룰 수도 없다는 것을 그들은 안다.

부동산 경기가 나쁘거나 좋아도 관심이 없다. 좋은 물건은 투자 시장에 항상 있으므로 경기景氣의 좋고 나쁨은 그들에게 큰 의미가 없다. 정부에서 부동산 정책을 자주 발표를 하면 그만큼 시장이 요동치므로 투자 시장도 그만큼 열려있다.

부동산의 매수 시점과 매도 시점에 가상假象설정을 두고 투자를 하지 않으며, 부동산 투자 행위는 북극해를 떠다니는 유빙遊氷과 같아서 정확한 꼭짓점이 없는 것을 진정 고소득자들은 알고 있다.

**(사) 진정 고소득자는 세금을 두려워하지 않는다.**

세금을 좋아하지 않는 것은 부자나 평범한 사람이나 마찬가지이며 동서고금을 막론하고 같을 것이다.

진정 고소득자는 세금을 피하기 위한 잔꾀를 부리지 않는다. 탈세는 다음에 투자할 때 걸림돌이 되고, 뒤탈이 나는 무리수無理數임을 알고 있다.

진정 고소득자는 합법적으로 부동산이 거래될 때 세금을 덜 내는 절세折稅를 선택한다.

외국의 사례로 영국의 윌리엄 3세1650~1702 때 전쟁 자금을 마련하기 위해 1696년에 창문의 수에 따라 세금을 매기는 '창문세'를 도입하였고, 프랑스도 필립 4세 집권 때 영국과 백 년 전쟁 기간 1337~1453 중 영국과는 달리 창문의 폭에 따라 세금을 부과하였다. 그에 따른 재미있는 사실은 절세하기 위해 영국은 창문이 없는 집을 건축하였고, 프랑스는 창문 폭이 좁은 길쭉한 창문을 만들었다고 한다.

진정 고소득자는 절세와 투자 기회가 충돌할 때는 절세를 포기하고 투자를 한다.
절세가 투자자에게 반드시 유익한 것만은 아니다. 절세 금액보다 투자 이익이 훨씬 많을 경우 투자 쪽을 선택한다. 이러한 결단이 진정 고소득자의 특징이다.

# 제7장

# 사용 도구의 전문화

　　지구상에는 수많은 종류의 직업군이 존재하고 있다. 한국고용정보원에 의하면 2020년 5월 현재 국내에 16,891개의 직업 종류가 있다고 한다.

　약 1만여 년 전에는 농업이 직업이었다면, 산업 혁명 이후 인간의 직업은 유기적으로 연결되어 있다. 과학의 발전과 고도의 기술 창출로 직업군群들이 때론 부흥했다가 사양직업斜陽職業으로 밀려나고, 새로운 형태의 과학 기술과 정보 사회를 대처하는 등 다양한 직업들이 생기고 사라진다.

　시대의 흐름에 잘 편승하면 그에 걸맞게 많은 돈을 벌기도 하고 세계 갑부의 반열에 오르기도 한다. 그러한 꿈들을 성취하기 위해서 시대마다 반드시 각 분야의 전문가가 되어야 한다. 지금은 특화된 전문가들이 포진하고, 분야마다 완벽한 전문가를 요구하는 시대이기 때문이다.

　특히 4차 산업 혁명으로 대변되는 현대 사회에서는 대부분의 분야가 세분화, 전문화되어 있고 특정 영역의 전문성도 갖추어야 경쟁력을 지니게 된다.

덴마크 물리학자인 닐스 보어Niels Bohr, 1885~1962는 전문가를 '아주 좁은 범위에서 발생할 수 있는 모든 오류를 경험한 사람'이라고 정의를 내렸다. 이러한 분야를 세분화하고 체계화하는 것은 그 분야에 대해 넓고 깊게 알아야 가능한 일이다.

자신의 분야를 세분화하여 정리하는 능력도 갖추어야 결국엔 전문가로 인정을 받게 되고 사업적 가치價値를 획득하지만, 행동의 규약이 따른다. 정직성을 실천하겠다는 자신과의 약속에 대한 규범적 실천력이 내재內在되어야 한다. 또한, 먹고살기 위한 경제 행위經濟行爲의 일환으로 부富의 축적과 풍요로운 삶을 목표로 한 행위를 스스로 억제할 수 있어야 한다.

이러한 삶을 위한 경제 활동의 종류에는 여러 분야가 있다. 그중 재테크에 관심이 있는 사람들은 각종 경제 서적, 전문 강연회, 신문, 인터넷 등에서 투자에 관해 다양한 정보를 접하곤 한다. 다만 무엇을 선택選擇할지 대부분 쉽게 결정하지는 못한다.

필자는 투자자들이 지대한 관심을 갖는 부동산 투자와 주식 투자의 중요한 차이점에 관해 이야기하겠다.

자본주의 사회에서 경제 행위는 이익의 창출創出이다. 일반적인 투자 행위 중 부동산不動産이나 주식株式의 가장 큰 기본 원리는 이익 추구다.

부동산과 주식은 대상 물건을 싸게 사서 비싸게 팔려는 머니 게임의 대상일 뿐이고, 그 파급 효과는 국민 경제에 중대한 영향을 미친다.

주식 투자 이전의 투자 시장 상황은 단지 부동산 투자 시대였으나 주식 투자가 활성화되면서 우리나라의 투자 시대는 부동산과 주식의 쌍두雙頭마차가 이끄는 시대가 되었다. 부동산 투자나 주식 투자 사이에는 상이相異한 투자 방식이 한 축을 형성하고 있다. 하지만 잘못된 인식으로 동일同一한 투자 방식이 적용되고 있다.

주식 투자 행위에는 기업의 자금 조달資金調達과 기업의 가치 평가價値評價, 감시 기능監視機能이 내포되어 있다. 투자 성향投資性向과 가격의 상승 폭 면에서 보면 근본적으로 완전히 다른 행위이다.

1980년대 당시 국제경기는 3저 시대인 저유가, 저금리, 저원화 가치라는 분위기가 조성되었다. 건설 경기의 활기와 수출 활성화 등으로 금융, 건설, 무역업종을 일컫는 트로이카 랠리Troika Rally가 일어났다.

'86년 아시안 게임'과 '88년 서울 올림픽'의 영향으로 경제적 분위기는 무르익었고, 1989년도 코스피 종합 주가 지수가 1,000포인트에 이르렀다. 시골에서 소 팔고 논 팔아 투자하거나 간혹 젊은 주부들도 주식 객장에 나타나는 등 과열된 양상을 보였다. 종합 주가 지수의 상승기 이전까지만 해도 국민에게 생소했던 주식에 대한 투자 관심投資關心이 증가한 계기도 그 무렵이다.

# 1. 부동산 투자, 주식 투자

부동산 투자와 주식 투자 각각의 투자 방식投資方式이 완전히 다른 이유가 무엇인지에 대해서 이야기를 하겠다.

1️⃣ 부동산과 주식은 개별성個別性에서 완전히 다르다. 부동산 매수를 예로 아파트 매입을 한다면 일조권, 조망권, 전철역과의 거리, 로열층, 내벽內壁인지, 외벽外壁인지 등 여러 가지 조건이 복합적으로 작용하여 대부분 매입까지 많은 시간을 필요로 한다. 주식의 경우 투자자가 주식을 매입하겠다고 정하면 투자에 대한 시장의 변동성에도 불구하고 정해진 가격으로 망설임이 없이 매입한다.

2️⃣ 환금성換金性에서 차이가 있다. 부동산은 현금이 필요해서 원하는 가격에 처분處分하려고 해도 즉시 매매賣買가 불가능하고, 매매가 완성되어도 계약금에서 잔금까지의 시간이 많이 소요되므로 매매금액을 받기까지 시간이 걸린다. 반면 주식은 갑자기 현금이 필요할 경우 등락 폭을 감수하는 증권 시장에서 바로 매도賣渡하면 현금화가 가능하다.

3️⃣ 변동성變動性에서 차이가 있다. 부동산은 급작스럽게 큰 폭으로 상승하거나 하락하지 않고 주식은 시황市況에 민감하므로 시시각각의 등락 폭이 부동산보다 훨씬 심하다.

4️⃣ 부동산은 미래의 내재된 가치價値를 보고 투자를 하지만 주식은 기업 내부의 성장 동력成長動力, 재무 구조, 경영 상태 등의 가능성可能性을 보고 투자를 한다.

5️⃣ 부동산 투자나 주식 투자의 목적은 오직 돈을 버는 것이다. 부동산은 영속적永續的이지만 생산이 불가능하고, 공공재의 성격이

강해 부동산 가격의 상승은 무주택자들에게 집세 부담으로 이어진다. 이는 곧 양극화兩極化와 빈곤의 악순환으로 이어지며 세대 간世代間의 갈등을 초래한다. 극단적인 사회 문제가 발생하고 사회 불안과 국민 경제에 악영향을 초래하기 때문에 정부는 때로는 심각하게 규제를 가하며 깊숙이 개입하고 있다. 그러나 주식은 산업 활동과 매우 밀접한 역할을 하여 주식 가격이 상승하면 기업의 자금 조달이 용이하므로 오히려 정부의 입장에서는 적극적으로 장려獎勵하는 입장이다.

6 투자 차액 관점에서 차이가 난다. 주식은 매일매일 소액으로 사고팔아 투자 이익을 만들 수 있으나, 부동산은 소액으로 주식처럼 자주 사고파는 그러한 상품이 아니다.

## 2. 관절 점에서 매매하라?

### 1) 주식 투자론

이처럼 부동산과 주식은 투자할 때 여러 가지로 다른 점에서 상이相異한 차이를 보이기 때문에 투자 물건마다 투자 방식이 다르다. 그러나 일부 전문가들은 각각의 투자 물건에 대한 투자 성질을 무시하는 경향을 보인다.

부동산과 주식은 어떠한 관계인지 보자. 국가 경제에서 부동산과 주식의 관계는 어느 한쪽이 기능하지 않을 때 다른 하나로 그 기능을 대체할 수 있는 완전 대체재가 아닌 불완전한 대체재代替財이다. 국내 실물 경기에서 서로가 동반 상승하기 어렵기 때문에 상호 보완할 수 있는 보완재補完財의 관계인 것이다.

주식 전문가들은 주식 투자 시점을 인체人體의 관절 부위關節部位 외에도 다르게 표현하고 있다. "무릎에서 사서 어깨에서 팔아라." 또는 "생선의 머리와 꼬리는 고양이에게 주라.", "산이 높으면 골이 깊다." 등 그 외에도 여러 가지로 비유하고 있다.

주식은 오전에 매입해서 오후에 매도할 수 있다. 즉, 매매는 언제든지 자유롭게 할 수 있다는 것이다. 그들이 말하는 안전한 시점인 무릎에 사서 어깨에서 처분한다면 거래 비용 등을 공제하여도 어느 정도 차액을 남길 수 있으니 안전하게 투자하라는 뜻이다. 그러므로 투자자는 위험을 감수하면서까지 한 번에 많은 투자 이익을 위해서 욕심을 내지 말라는 것이다. 안전한 투자를 위해서 머리 점 영역은 도저히 접근할 수 없는 신神의 영역이므로 무리하게 욕심을 내서 화禍를 자초하지 말라는 뜻이다.

이 영역은 신이 관리하므로 너무 과욕을 부리지 말고 적당히 하락할 때 매수하고 어느 정도 오르면 처분하라는 것이다.

예를 들면 오늘 조금 벌고 내일 또 벌면 되므로 미련스럽게 한 번에 큰돈을 벌기 위해 막연한 발바닥 점에 사서 굳이 알 수 없는 머리 꼭짓점에서 팔아야 할 이유가 없다는 것이다. 주식은 매일每日 매시每時마다 등락을 번복하는데 어느 날 호재로 한 번에 갑자기 상승 폭이 커진다면 가능할 수도 있겠지만 그런 호재가 아닌 일상적인 장세라면 리스크Risk를 만들지 말라는 것이다. 그러니 바닥 점이니 머리 점이니 하는 이런 곳을 찾으려 애쓰지 말라는 설說이다.

## 2) 부동산 투자론

부동산 투자에서 이러한 점들의 위치를 사람 개인의 능력으로 알 수 있는 비법秘法이 있다면 누구나 막대한 돈을 벌 수 있다. 필자가 말하는 진정 고소득자들도 알 수 없는 점들이고, 또한 믿지도 않는 허구일 뿐 실제가 아니다. 이런 관절론 주장은 혹시나 주식 투자 시장에서나 있을 수 있는 설을 부동산 투자 시장에 적용하려는 그들의 견해가 매우 궁금하지 않을 수 없다.

필자가 알고 있는 진정 고소득자들은 관절론에 대해 아는 바가 없고, 투자 시장에서 그런 말이 왜 필요한지에 대해 알려고 하지 않는다. 진정 고소득자들은 시장에서 떠도는 헛소문에 대해 전혀 믿지 않는다. 사실 투자 시장에서 확실한 진짜 정보를 입수해서 투자해도 성공 확률에 반신반의半信半疑하는데 헛소문으로 돌아다니는 말에 선뜻 거액을 투자해서 회수하지 못한다면 얼마나 억울할까?

진정 고소득자들은 '부동산의 움직임을 100% 예측할 수 있는 기법은 없다'고 잘라 말한다.

투자자들이 시점을 알 수 있는 방법은 현재가 아닌 시간이 지난 후 미래의 어느 시점에서 알 수 있다. 현재가 바닥 점이라 예상하고 매수를 하였으나 시간이 지나 그 이후부터 상승 곡선을 타고 있다면 바닥 점이 되지만 그 이후 상승 곡선이 아닌 하향 곡선을 그린다면 바닥 점이라고 예상했던 포인트는 바닥 점이 아니다.

바닥 점은 미래에서 확인하는 과거 데이터일 뿐 사전事前에 예측하기란 절대 불가능하고, 이야기 좋아하는 사람들의 추측일 뿐이다. 그런데도 확실한 것처럼 아주 쉽게 말을 한다. 차라리, "사고 싶을 때 사고, 팔고 싶을 때 팔아라."라는 말이 옳지 않을까?

그들이 말하는 신의 영역이라 말하는 머리 점도 알고 말하는지 궁금하다. 발바닥 점과 머리 점을 모른다면 무릎 점과 어깨 점도 당연히 몰라야 한다.

"무릎에 사서 어깨에서 팔아라."에서 "어깨 위는 다른 사람을 위해 남겨 놓아라."라고 말을 한다. 신의 영역인 어깨 위를 다른 사람이 투자해서 이익을 가져가라고 하는 것이 과연 다른 사람을 위한 배려일까?

생선의 머리와 꼬리는 실제 우리의 식탁에서 뼈만 있고 살점은 별로 없으므로 고양이에게 주라는 것이다. 이렇게 생선 뼈처럼 먹을 것 없는 것을 다른 투자자를 위해서 남겨 두라는 것이다. 투전시장鬪錢市場에서 본인의 투자 안전을 위해 다른 투자자가 상투 점을 잡거나 바닥 점을 잡을 수 있게 남겨 두라는 표현이다. 피도 눈물도 없는 삭막한 투전장에서 어떻게 다른 투자자에 대한 배려심이 생길 수 있을까? 필자에게 이러한 기회가 주어진다면 한 푼도 남겨 놓지 않고 모두 투자 이익을 챙길 것이다. 이러한 말들은 대단히 이기적이며, 남이야 망가지든 말든 나만 잘되면 된다는 생각이 깔려있다. 아주 피도 눈물도 없는 투자 시장의 단면을 보는 것 같아 씁쓸하다.

실제 부동산 매매 시점은 짧으면 몇 개월에서 수년 또는 그 이상의 시간을 기다려야 되므로 윗글은 부동산 투자와는 전혀 관계가 없다. 결론은 부동산 투자 시장에서 가상假象의 점들은 단연코 없다. 주식은 수시 매매로 티끌 모아 태산泰山을 만들 수는 있으나 부동산은 수시 매매할 수 있는 재화가 아니므로 어느 시점에 한 번의 매매로 태산을 만들어야 한다.


## 3. 가짜 전문가들

부동산 투자 방식과 주식 투자 방식의 영역이 완전히 다른데도 불구하고 일부 주식 투자 전문 상담자인 애널리스트Analyst와 부동산 투자 전문 상담자인 컨설턴트Consultant들은 아무런 여과 장치도 없이 상담하고 있다.

부동산 컨설턴트와 주식 애널리스트는 엄연한 전공 경계선이 있어 완전히 다른 전문 분야인데 자칭自稱 부동산 전문가라는 사람들이 만능 엔터테이너처럼 주식 투자 상담가로, 주식 전문 상담가가 부동산 전문 상담가로 변신하여 활동하는지 알 수가 없다. 여러 분야에서 두루 경험한 올라운드 플레이어를 전문가로 볼 수 있을까?

부동산 전문가라는 사람들은 자신의 이름 석 자를 알려서 인기와 부富를 얻기 위해 검증되지 않은 것을 신문, 방송, 인터넷 등 많은 방법을 이용하여 선의의 투자자들에게 접근하고 있다. 오늘날 이런 행위가 국가와 사회에 끼치는 악영향은 실로 엄청나며, 시장 질서의 혼란과 후유증을 남긴다. 확실한 증거와 근거가 아닌 것을 '코로나 감염증코로나19'의 바이러스처럼 짧은 시간에 급속히 퍼질 수 있는 전파를 이용해 '성공하면 좋고 아니면 말고'의 태도로 이익을 취하는 행위는 사회에 해악害惡을 끼치며, 이는 형법상 고의 범죄故

意犯罪: 내가 한 행동이 혹시 다른 사람에게 해를 입혀도 어쩔 수 없다고 생각하면서 하는 범죄 행위로 중대한 범죄에 해당한다.

오늘날 이런 이기 행위가 국가, 사회 또는 가정에 끼치는 악영향은 엄청난 사회적 비용 낭비와 불행으로 이어진다. 확실한 과실果實로 투자자들에게 접근해야 함에도 투자자들에게 자신의 존재를 띄우기 위한 가짜 전문가들이 있다. 우리 사회를 병들게 하고 바이러스처럼 확산되고 있는 '거짓과 가짜뉴스', '아니면 말고' 또는 '밀져야 본전' 식의 풍조가 만연되어 있다. 특히 뜬구름을 치세 수단治世手段으로 악용하는 가짜 전문가들이다. 이는 두 가지의 수법으로 이용되는데

① 확인되지 않은 팩트Fact를 진실로 가장해서 고의로 조작한 거짓 정보Hoax

② 완전히 거짓말로, 근거 없는 소문으로 퍼지는 유언비어Rumor

전문 시대는 요구에 따른 사용 도구使用道具에 의해서 새로운 전문 사회가 된다. 냉혹한 국제 사회는 분야별로 전문인을 요구하고, 이미 선진국은 각 분야에서 전문가들이 활동하고 있다. 미래는 더욱 다양한 전문 인재를 요구하고, 결국 전문화된 인재를 보유한 국가가 선진 경제 강대국이 된다.

전문성과 창의력으로 무장한 노련한 전문인이 아닌, 조직에 친근감과 충성심을 강요하고, 대중의 인기를 위해 가식假飾적으로 행동하며, 부나비와 같은 성향을 가진 해바라기형 사람들이 사회의 각계각층에서 영향력을 행사하고 있다. 우리는 경제 개발 초창기

각 분야에 전문인이 부족해서 외국의 전문가들을 초빙하면서 이만큼 경제를 부흥시켰다. 현대는 변화와 융합이 무수히 일어나는 시대다. 지금이야말로 전반적인 영역에서 자리마다 요구하는 역량과 전문성, 윤리적·도덕적 잣대를 먼저 고민하고 그 역할과 기준에 적합한 전문가가 필요한 때이다.

우리는 각자 몸담은 분야, 혹은 성공을 이루고자 하는 일에서만큼은 자·타가 인정하는 전문가가 되어야 한다. 전문가 시대를 저버린다면 한국 사회는 국제 사회에서 나락奈落에 빠지거나 도태淘汰될 수 있다.

이제는 이러한 사회 병리 현상인 위선이 사라지고 전문 시대가 요구하는 능력을 갖춘 전문인이 곳곳에 포진함으로써 시대별로 요구하는 능력을 빨리 선취先取하는 사람이 성공하는 전문인의 시대다.

부동산 투자 상담은 부동산 투자 전문가에 의해, 주식 투자 상담은 주식 투자 전문가에 의해서 이루어져야 한다. 혼란과 교란攪亂이 거짓으로 투자자들에게 재산상의 피해를 주어서는 안 된다. 투자 시장에서 투자자들이 원하는 만큼의 투자 수익을 올리도록 전문가들이 활약하는 그러한 전문 투자 시장이 시급히 형성되어야 한다.


부동산 투자에 관심 있는 사람들, 저소득자들은 전문가, 인터넷 등에 맴도는 글과 말에 너무 현혹되지 않아야 한다. 다른 말로 하면 귀가 얇으면 안 된다. 투자의 길은 진정 고소득자처럼 투자자 본인이 개척해 나가는 것이다. 시간이 조금 더 걸릴지라도, 조급해하지만 않으면 멀지 않은 가을 하늘에 노랗게 익은 호박처럼 투자의 결실을 맺을 수 있다.

3부

일반적인 내용으로 투자자들이 분야를
선택해서 투자할 수 있게 하였다.

# 제8장

# 토지구획 정리 사업

　　　　　고려 34대 마지막 왕인 공양왕恭讓王 1345~1394, 재
위 기간 1389~1392으로부터 왕위를 선양宣揚 받은 태조 이성계李成桂
1335~1408, 재위 기간 1392~1398는 왕위에 오르자 고려 말의 승려인 무학
대사1327~1405의 진언進言을 받아들여 수도를 개성開城에서 한양漢陽
으로 옮겨 조선의 수도로 정하였다. 한 나라의 수도를 옮기는 일,
천도遷都는 엄청난 국가적 사업이다.

　수도를 옮기는 사업에는 먼저 필연적인 명분과 대규모 공사를
할 수 있는 막대한 비용이 있어야 한다. 가장 어려운 일은 옛 수도
를 떠나기 싫은 기득권자들의 거센 반발을 잠재우는 일이다.
　수도란 최고 통치자와 통치 기관들이 소재하며 정치, 경제, 사
회, 문화 등 모든 중심 역할을 하는 지역이다.

　한양을 수도로 천도하기까지 정치·사회적 혼란기의 논쟁이었던
풍수지리설風水地理說의 영향이 컸다. 한양을 도읍지로 선택하게 된
실질적인 요인이 왜 중요한지 이해를 하면, 강남땅 개발의 전모全

貌에 많은 도움이 될 것이다.

1 한양 땅에 생기를 불어넣어 주는 산이 이어진 산맥들이 겹겹이 둘러싸고 있다.

2 지형은 평탄한 분지盆地로 기후는 온화하다.

3 한양의 지형이 서쪽으로는 바다에 접하고 남쪽으로 한강이 흐르고 있다. 천혜의 자연환경이 유사시 방어하는 데 유리한 지형이라는 점이다. 즉, 한강의 수로는 교통로의 역할을 하지만 육로의 측면에서는 상대방의 공격을 차단하는 이점이 있다.

4 육상 교통이 발달하기 전으로 농업 생산물을 운반할 경우 수상 교통이 잘 발달하여 한강 유역에 자리한 한양은 대단한 이점을 가지고 있었다.

이러한 지리적인 이유로 1394년 조선 왕조는 한양으로 수도를 옮겨와 조선의 정치, 경제, 사회, 문화의 중심지로 만들었다. 중앙 집권적 통일 국가의 수도가 한강 유역에 위치함으로써 한반도 역사적 삶을 응집凝集하는 명실상부한 상징이 되었다.

땅에서 태어나 결국 땅으로 돌아가는 것을 당연하게 여겼던 우리 농경 민족이 바로 한반도에 모여 살며 하늘을 보면서 이상과 미래의 꿈을 꾸었고 땅을 굽어보며 현실을 살았던 것이 수천 년 이어져 온 한국인의 삶이고 사람들의 옛 모습이다. 수도 서울은 600여 년이란 긴 세월이 흐른 지금도 도도히 흐르는 한강의 물줄기처럼 그 역할을 지속하고 있다.

일본 제국이 불법 침탈하기 전 서울의 인구는 20여만 명에 불과하였다. 1945년 8월 15일 광복 후 해외 동포의 귀국, 북한 동포의 월남 전시 소개민戰時疏開民의 귀환, 지방 사람들의 도시 집중 등의 원인으로 100여만 명으로 증가하였다.

더욱이 1950년 6월 25일 한국전쟁의 비극 후 피난민들의 유입으로 200여만 명으로 급증했다.

1960년 서울 인구가 약 240여만 명으로 늘어나자 해당 연도 최초로 '대도시 인구 집중 방지책'이 수립되었다. 이 당시만 하더라도 땅은 농사를 위한 수단일 뿐 투기나 투자라는 개념 없이 그저 단순히 주거 수단과 농업용 생산물을 기르기 위한 용도로 거래되었다.

그러나 1962년부터 시작한 제1차 경제 개발 5개년 계획 사업으로 인한 급속한 산업화의 물결은 땅에 대한 의미를 달리 해석하기 시작하였다. 근대 산업화의 파고波高는 성공을 향한 원대한 꿈을 지녔던 사람들에게 더 이상 성공의 장소가 아닌 땅에 얽매인 삶에서 벗어나 땅고향을 떠나야 출세한다고 믿게 했으며 서울로 몰려들게 했다. 한국인들의 삶을 지탱해 준 전통적인 삶을 벗어나고픈 인식이 팽배해지며 사람들은 청운青雲의 꿈을 꾸었다. 서울은 거대 도시로 변모하여 폭증하는 인구와 도시 확대를 수용하면서 서울 강북 땅은 확장을 거듭하였다.

• 토지구획 정리 사업

도시 형성의 역사가 시작된 초기부터 계획적으로 건설된 도시도 더러 있었다고 한다. 쾌적하고 질서 있는 시가지가 되기 위해 도로나 공원, 상·하수도 등의 제반 공공시설이 정비되고, 토지의 적정한 용도 이용과 각각의 택지가 알맞게 구획되며 시가지 구성이 훌륭한 건축물로 배치된다.

토지구획 정리 사업은 토지의 합리적 이용 증진과 지역 생활 환경을 향상하기 위하여 도로, 공원, 상·하수도, 학교, 광장 등 시설을 설치 및 변경하거나 토지의 교환, 분합, 구획 변경, 지목 등을 변경하는 것으로 사업 시행 전 존재하던 권리관계에 변경을 가하지 아니하고 각 토지의 위치, 지적, 토질, 이용 상황 및 환경 등을 고려하여 사업 시행 후 대지에 이전시키는 행위, 즉 환지換地를 수반하는 사업이다. 일반적으로 사업 비용이 매우 저렴하다는 점에서 도시 개발의 주도적 사업으로 활용된다.

도시화는 부富의 창출과정이다. 모든 지방 자치 단체도 재원財源난에 봉착하고 있다는 사실을 일부 해소하고 부의 축적을 도시 정비의 재원으로 충당하는 수단으로 토지 구획 정리에 주목하고 있다. 택지를 조성하여 공공 비용을 토지 소유자와 공동 부담으로 하는 것이다.

토지구획 정리 사업이 우리나라에 도입된 것은 일제강점기인 1930년대로 최초로 개발되었던 독일에 비하면 약 30~40년의 시간적 차이가 있다.

1928년에 작성된 경성 도시계획 조사서에 서울시 중심 시가지 내 5개 구역과 외곽부인 한강리현 용산구 한남동, 신당리현 중구 신당동 2개 지역에 토지구획 정리 사업을 계획한 것이 우리나라 최초의 시도였다.

토지구획 정리 사업의 시대별 특성을 살펴보면 1960년 이전 토

지구획 정리 사업의 시작은 일제강점기인 1934년 6월의 〈조선시
가지계획령〉이었다. 서울 지역에 1937년 2월 제1 토지구획 정리
사업 지구로 돈암동과 영등포 지구를, 제2 토지구획 정리 사업 지
구로 대현 지구를 선정하였다. 서울시에서 토지구획 정리 사업이
가장 활발히 추진된 시기는 1960년대와 1970년대이다. 도시로의
급격한 인구 증가와 함께 도시 기반시설의 확충, 방대한 주택, 택
지 수요의 발생 등과 같은 다양한 도시 문제가 발생하거나 잠재화
潛在化되었다.

  1962년 이전까지 〈조선시가지계획령〉에 따라 단독주택 건설을
전제로 한 택지 개발이 이루어졌다면, 1962년 〈도시계획법〉〈토지
수용법〉 등 택지 개발 관련 제도들이 정비됨에 따라 토지구획 정리
사업과 일단의 주택지 조성 사업에 의한 택지 개발이 시행되었다.

  1960년대 후반은 정부가 대도시 지역에 토지 이용 효율 제고를
목적으로 아파트 중심의 주택 공급 정책을 추진한 때이다.
  1972년 민간 주택 건설 지원을 골자로 하는 〈주택 건설촉진법〉과
서울 강남 지역 개발에 민간 주택 업체들의 참여를 유도하기 위한 〈
특정지구개발촉진에 관한 임시조치법臨時措置法〉이 제정되면서 영동
지역을 중심으로 민간 아파트 단지 개발이 급격히 증가하였다.

  토지구획 정리 사업은 서울 강동 지구, 개포 지구, 가락 지구, 양
재 지구 등 약 1454만㎡약 440만 평에 한정적으로 시행되었다.
  당시 강남江南 사람들은 대부분 농업에 종사하며 채소나 과일을
재배하였고 한강 주변 거주자는 물고기를 잡아 팔기도 했다. 미개

발 지역으로 낙후된 농촌이 자리한 한강 남쪽에 거주하고 있었다.

지금은 한강 이남以南을 강남이라고 부르지만, 원래는 영등포의 동쪽에 있다고 해서 영동永東이라 불리었다는 이야기가 있고, 한편으로는 영등포와 성동의 중간에 있다고 영동이라 불렀다고도 한다.

1970년대 개발 당시도 강남 개발이 아닌 '영동 개발'이라 불리었다. 그 후 1975년 10월 행정 구역도 성동구 영동 출장소에서 강남구로 승격되었다. 강남이라는 신천지新天地는 개발되지 않은 전형적인 시골 농촌 지역 그 자체였으며 비라도 오면 질척거리는 땅이었다.

정치, 경제, 사회, 문화, 도시의 형태, 인구의 이동이 시작되는 대변혁大變革이 600여 년을 유지해 온 역사의 중심축인 서울 강북에서 일어나기 시작하였다. 더불어 경제 개발 5개년 계획으로 인한 한강의 기적이 시작되면서 농촌 인구도 급격하게 서울로 유입이 되었다.

팽창된 도시에서 빈곤, 교통 혼잡, 쓰레기 등의 산적한 도시 문제가 심화되자 정부는 2가지의 방안을 계획하는데

1 행정 수도를 서울이 아닌 다른 곳으로 완전히 이전移轉하는 방안

2 강북의 수도를 존치하면서 도시의 기능 일부를 분산하는 방안

위의 방안 중 정부는 후자를 선택하였다.

그 후 정부는 1972년의 서울 인구를 600만으로 못 박고 지방분산 정책을 추진하였지만 이미 1970년도에 550만 명이 되었고, 1980년에 840만 명, 1990년에는 1천만 명을 돌파하였다.

여기서 정부가 훗날 **투자, 개발 및 투기의 정점**이 되는 **강남 개발을 적극적으로 구상**해야 했는지에 대해 살펴보자.

　[1] 집권 정부의 안보의식安保意識에 기인한다.

한국전쟁 당시 다리가 부족하여 미쳐 한강을 건너지 못한 수십만 명의 시민이 공산 치하에서 당한 고초苦楚가 생생하게 남아 있었다. 한국전쟁이 휴전 상태지만 10여 년 남짓 지속적으로 무장공비武裝共匪와 남파간첩南派間諜 침투 사건들이 일어났다.

한국 사회가 고스란히 외부에 노출되었다는 불안감이 상승 작용하고, 서울에서 불과 40여 ㎞ 떨어진 휴전선보다 멀리 떨어진 한강 이남以南인 강남을 선택한 것은 필연적이었다.

　[2] 인구 분산 정책이다.

한국전쟁 당시 한강 다리는 지금의 용산구 한강로와 동작구 본동을 잇는 한강 대교와 광진구 광장동과 강동구 천호동을 연결하는 광진교廣津橋 1936년 준공 2개분이었다.

그리하여 집권 정부는 한국전쟁 당시 한강에 다리가 많이 설치되었다면 수많은 무고無辜한 시민들의 희생은 없었을 것으로 판단하여 계획적인 강남 개발과 비상시 강북 시민들 피난을 위하여 한강에 다리를 계속 건설하였다. 현재는 철도를 포함하여 30개의 다리가 있다.

　[3] 수출 수송輸送 도로이다.

집권 정부의 정책 목표는 경제 개발과 수출 주도형 경제 정책이었다. 공업 단지 등에서 만든 제품을 부산항까지 수송하려면 한강을 건너야 하는데 한강 다리와 고속 도로 건설이 절대적으로 필요하였던 시절이었다.

그리하여 탄생한 것이 한남대교漢南大橋: 제3 한강교, 용산구 한남동과 강

남구 신사동 연결: 1969년 준공와 **경부고속도로**京釜高速道路, 1970년 7월 준공인 데 경부고속도로는 서울에서 부산까지 428㎞를 잇고 있다. 이 도로의 계획은 독일의 무제한無制限 고속 도로 아우토반Autobahn: 아돌프 히틀러의 도로의 영향이 매우 컸다고 한다.

고속 도로를 건설한다는 것은 상상조차 힘든 일이었다. 정부 정책에 결사적으로 반대하는 야당 정치인들은 자동차도 만들지 못하는 나라에서 고속 도로를 건설한다는 것은 매우 무모한 짓이고, 예산만 낭비浪費하는 정책이라며 비난을 퍼부었다. 식량 자급자족이 안 되는 시절로 농사지을 땅에 도로를 만든다는 것에 반대가 무척 심하였고, 심지어 공사 현장의 중장비 앞에 드러누워 "부유층의 유람로遊覽路를 만들려고 하느냐.", "국가 재정이 파탄 날 게 뻔하다." 등의 시위로 인해 공사가 제대로 진행되지 못하였다.

결과론이지만 당시에 한남대교와 고속 도로가 건설되지 않았다면 우리의 경제가 이렇게 발전하지 못했을 것이다. 1960년대는 물류物流라는 개념도 없는 시대였지만 산업의 동맥이자 젖줄인 고속 도로는 전국에서 생산하는 모든 산업 수출품을 인천항과 부산항으로 실어 나르고 각 지방에서 생산한 농·수산물을 전국 방방곡곡으로 수송하는 일대의 물류 혁명物流革命이 일어났다.

당시 인천항으로 수출품을 수송하기 위하여 1968년 12월에 서울과 인천을 연결하는 우리나라 최초의 고속 도로인 경인고속도로를 건설하였다. 전국을 일일생활권으로 만들고 당시 수출 수송의 혁신을 이루어 1970년대 고도성장하는 데 크게 기여하였다. 국가 경제 발전에 대단한 기여한 경부고속도로는 '단군 역사 이래 최대 걸작품傑作品'이라고 말할 수 있다.

필자의 견해로는 강남 개발 이전인 1962년 제1차 경제 개발 계획 5개년 계획 사업 구상 이전부터 이미 한남대교와 경부고속도로 건설은 예정되었고, 이 계획은 결과적으로 강남 개발의 마중물 역할로 강남 시대江南時代가 도래한 것이다.

④ 당시 서울 사대문 안의 면적이 약 500만 평이었다. 강남땅은 주로 논과 밭인 평탄平坦한 지형으로 정부는 이미 신도시 개발 계획을 하고 있던 곳이다. 종합적인 강남 개발 계획으로 강남땅의 면적은 약 940만 평으로 강북 땅의 2배나 되는 엄청난 규모에 이르렀다.

⑤ 강북 서울과 매우 가까운 위치에 있다는 점이다. 당시 한강을 건넌다는 것은 쉬운 일이 아니었으나 다리만 만든다면 바로 쉽게 닿을 수 있는 곳이었다.

⑥ 강남 개발로 전국의 균형 발전이 이루어졌다는 점을 들 수 있다. 당시 고속 도로가 지나는 도시는 대부분 큰 도시로 발전을 하였다.

⑦ 정치 자금의 조성이다.

⑧ 자동차 시대의 도래到來라고 하겠다. 당시 집권 정부는 1962년 4월 자동차 공업 5개년 계획을 발표하고 '한국자동차보험공영사'를 발족하였다. 1970년도 경부고속도로 개통 당시 자동차 보유 대수는 12만 대로 증가하였고 자동차 산업은 거듭 발전하면서 현재 생산능력 세계 5위의 국가가 되었다.

집권 정부는 강남 개발에 치중하였지만 무질서한 강북과 미개발된 강남을 동시에 개발하는 **도시 개발 토지 대량 공급, 무허가 건물 정비, 안보의 개념 3대 축**을 실행하였다.

① 토지의 대량 공급은 주로 강남에서 이루어진 토지구획 정리 사업

이었다. 1961년부터 1980년대까지 구획 정리 사업 지구는 민간 조합에서 4개 지구, 주택공사에서 실시한 3개 지구를 포함하면 39개 지구 총면적 약 3,600만 평에 이른다.

② 무허가無許可 건물의 정비이다. 1960년대 청계천, 중랑천 하천변과 산 중턱 등의 변두리에는 무허가 건물이 난립亂立하였다. 무허가 건물을 단속하려고 항공 촬영 방식이 도입되어 새로 들어서는 무허가 건물 단속을 어느 정도 해소하는 성과는 이루었다. 근본적으로 해결하고자 1986년 아시안 게임과 1988년 올림픽 개최 전 합동 개발 방식을 도입하였다. 무허가 건물의 주인이 땅을 제공하고, 건설 회사가 아파트를 지어 양측의 이익을 확보하면서 무허가 건물의 증가를 억제抑制하는 시스템이었다.

③ 안보의 개념인데 다시 한국전쟁이 일어날지 모른다는 우려가 퍼지며, 1970년대의 강북 억제 정책과 강남 개발 정책, 남산 1호·2호 터널 건설, 북악 스카이웨이 신설, 3핵 도시 구상, 도심 지하상가 건설 등은 안보와 관련하여 만들었다.

도시를 건설하는 데 가장 중요한 비중을 차지하는 것은 자연적으로 형성된 지형적인 조건이다.

우리나라에서 최초로 구區가 형성된 곳은 영등포구이다. 서울에서 유일하게 산이 없는 영등포구는 한강을 경계로 마포구와 마주하고 남쪽으로는 관악산을 바라볼 수 있는 위치에 있다.

지형적으로 관악산과 청계산이 남쪽을 가로막고 있어 경부선 철도가 영등포 쪽으로 지날 수밖에 없었다. 광복 후 서울의 중심은 강북이 되었고 한강 이남으로는 영등포가 중심지가 되었다. 일부 사람들은 당시 "영등포가 아닌 현재 경부고속도로가 지나가는 강남 지역에 철도를 건설하면 되지 않나."라고 주장했지만, 이 지역은 저지대와 습지濕地가 많아 적합하지 않았다.

그리하여 정부에서 발표한 것이 1966년 8월에 발표된 '새 서울 백지계획白紙計劃'이다.

무궁화 모양을 바탕으로 16,500만㎡5,000만 평 되는 지역에 강남 개발 계획을 입안하여 인구 100~150만을 수용할 수 있도록 계획하는 '무궁화 도시 계획'을 발표하였고, 뒤이어 1970년 11월 '남서울 개발 계획'도 발표하였다.

1970년대 초 강남땅 중 영동 지구 개발이 본격적으로 접어들면서 여의도 면적의 10배가 넘는 넓은 들판이 확보되자 집권 정부는 하루빨리 이 지역을 신시가지로 만드는 일에 몰두沒頭하였다. 오늘날의 강남은 1966년 지정된 '영동 제1 지구 토지구획 정리 사업'에 의해 형성되었지만 앞서 이야기한 강북 서울의 팽창으로 인한 강남 개발의 꿈은 이미 그 이전부터 현실화되었다고 볼 수 있다.

쉽게 말하면 아직 개발되지 않은 토지를 반듯하게 정리하여 도로, 공원, 학교 용지 등의 공공시설에 사용되는 토지를 제외한 나머지 토지를 기존의 토지 소유자에게 반환하는 형식의 도시 개발이다. 이 사업으로 인하여 도로와 같은 공공시설 용지 확보가 용이해지면서 체비지替費地를 통한 공공시설 공사비용 충당이 가능하고, 향후 민간 개발로 도시가 완성된다는 점에서 토지 보상비 등 사업비 부담을 갖지 않는 장점이 있다.

단, 이 사업은 토지를 구획정리하는 단계까지만 하며 그 이후의 건축은 토지 소유자가 한다는 점이다. 토지구획 정리 사업을 하려면 공공시설 용지, 즉 도로, 공원, 학교 부지 등의 땅과 사업에 필요한 경비가 필요하다. 토지 소유주로부터 토지를 일정 비율로 공출供出받게 되는 것을 감보율減步率이라 한다.

감보율은 소유지의 위치에 따라 최고 50%를 초과할 수 없는데 예를 들면 감보율이 50%이고 A 소유주의 땅이 100평이 있다고 하면 50평은 공출되고 나중에 구획 정리된 이후 50평을 환지로 돌려받는 것이다.

공출된 50평을 보류지保留地라고 하며 이 보류지 안에는 공공시설 용지와 체비지 2가지가 있다. 공공시설 용지란 도로, 학교, 공원 등을 만들 수 있는 땅이고, 체비지란 위에서 이야기한 내용과 같이 도시 개발 사업을 환지방식換地方式으로 하는 경우 사업에 필요한 비용을 마련하기 위하여 토지 소유자로부터 대가 없이 취득하여 필요할 때 처분할 수 있는 토지를 말한다. 즉, 공공시설 용지로 사용된 토지를 제외한 토지로 사업주가 경비 충당 등을 위해 매각 처분할 수 있는 토지이다. 그런데 이 체비지가 매각 처분되지 않았을 경우 이것은 원래의 토지 소유주가 아닌 사업주에게 소유권이 귀속된다. 체비지 운영의 합리성을 위해 체비지를 지정하는 경우 도로변이나 목이 좋은 지역에 집중적으로 지정하지 못하게 되어있다.

대량 공급의 대표적인 사례인 구획 정리 사업은 당시 우리나라와 같은 개발 도상국의 도시 개발에 안성맞춤이 되었다. 공사에서는 대규모의 자연 녹지의 땅을 개발하지만, 지방 중소 도시 지역의 소규모 땅은 현재도 지방 자치 단체가 자연 녹지 지역을 풀어 토지구획 정리 사업의 방식으로 개발을 하는 경우가 종종 있다.

이미 이야기하였지만, 택지 개발 사업으로 토지 매각 보상받는 경우 각종 세금과 경비를 제하면 실제 토지 보상금은 많지가 않다. 그러나 구획정리 사업 지구의 땅은 개발 계획 수립, 발표, 착공, 및 준공의 단계적으로 땅값이 수직 상승한다.

이런 계획은 땅 주인이나 사업주 서로에게 이득이 되는 윈-윈 방법이다. 절대적으로 예산이 부족한 상황에서 이 방법보다 좋은 해법이 없었기에, 정부는 강남 개발을 이런 방법으로 추진하는 소위 땅장사에 열중하였다.

토지구획 정리 사업이 결과적으로 대성공하여 개발 전에는 평당 몇백 원 하던 땅값이 개발 후에는 수천 배나 상승하기 때문에 땅 주인 입장에서는 적극적으로 사업에 협조하는 상황이 벌어지고 말았다. 이 사업으로 정부는 많은 예산을 마련할 수 있었다. 하지만 이러한 강남 개발이 처음부터 순조롭게 진행된 것은 아니었다. 개발 이전의 강남은 독자적인 생활 기반시설이 대단히 부족하고 절대적으로 강북에 의존하는 베드타운Bed Town이었다.

그 때문에 집권 정부는 강북 4대 구인 종로, 용산, 성북, 서대문 인구를 강남으로 이전시키기 위한 다양한 방안을 강구하였다.

1966년 1월 한남대교 착공 당시 압구정동, 잠원동, 신사동의 땅값이 평당 200원일 때 강북의 대표적인 고급 주택가 신당동의 땅값은 평당 3만 원이었다. 이 당시 자장면 한 그릇이 40원 하던 시절이었다.

그 후 압구정동, 잠원동, 신사동 일대가 1년 뒤에는 3,000원에 거래되었고, 말죽거리는 4,000원에 거래되었다. 말죽거리가 더 비싼 이유로 압구정동과 잠원동, 신사동은 저지대에 위치해 홍수 때는 상습 침수되는 지역으로 인기가 없었다. 그 후 강남 개발이 어느 정도 마무리되는 1979년 신당동 땅은 평당 50만 원에 거래되고 압구정 및 신사동 땅은 40만 원에 거래되어서 1980년대 이르러 강남땅 값은 완전히 역전되었다.

영동 제1 지구 토지구획 정리 사업은 원래 강북 지역의 인구 유치를 목적으로 1,315.7만㎡398만 평의 면적에서 시행되었다. 지금 강남구의 신사동, 압구정동, 잠원동, 논현동, 삼성동, 역삼동, 대치동, 도곡동, 염곡동 등이 당시 이루어진 지역이다.

사실 1971년 3월에 발표된 영동 2지구 계획에서 시작된 **강남의 기본 골격은 몇 가지의 특징이** 있다.
1 도로의 너비를 발해渤海의 수도 상경上京에 있는 주작대로朱雀大路와 같이 40~70m의 넓은 간선 도로를 축으로 격자형 가로 계획格子形街路計劃: 가로 세로를 일정한 간격으로 직각이 되게 만든 계획으로 만들었다.
2 녹지가 별로 없다는 것이다. 토지의 이용을 택지 위주로 계획한 결과, 학교와 공원 용지는 최소의 기준밖에 확보하지 못해 녹지율은 전체 면적의 1.3%인 약 5만 평에 불과하다.
3 대지의 최소면적을 165.3㎡인 50평 이상으로 규정하였다. 당시 30평 이하의 대지가 많았던 시절 주거 지역을 50평, 주거 전용 지역을 70평 이상으로 한 것은 획기적인 시도였다.

④ 상업 지역의 부족을 들 수 있다. 개발을 주거용 중심으로 하였기에 상대적으로 상업 지역을 낮게 책정하였다. 일부 지정된 테헤란로, 양재역, 양재역 IC 일대는 향후 지구 단위 계획을 통해 상업 지역으로 많이 확장되었다.

1970년대 우리나라 부동산 투기의 열풍 속 가장 빈번하게 지적된 문제점으로 토지구획 정리 사업 지구 내 지가의 상승은 지구 주변의 토지도 상승시킨다. 물론 지가의 상승은 개발 행위가 이루어지면 당연히 예상되는 수순이며, 투자 가치도 대단히 높아진다.

종래의 농업용 토지 이용에서 사업 시행 후 도시적 토지 이용으로 전환되므로 단위면적 당 지가가 상승하는 것은 불가피한 현상이지만 지주의 입장에서 볼 때는 엄청난 **수익이 창출**된다.

① 부정형의 토지를 정리하기 때문에 면적의 감소가 생겨도 오히려 토지의 이용 지적은 증진한다.
② 기복이 있는 지형, 저습지低濕地 등도 대지垈地로서 정지되고 저습지는 건조지乾操地가 된다.
③ 도로에 접하는 대지는 교통이 편리하고 소방 등 보안상 안전하다.
④ 하수, 배수, 도로, 도랑 등의 기반시설이 있어서 지구 내의 대지는 위생적이다.
⑤ 공원, 어린이 놀이터, 학교, 시장 기타 공공시설이 계획하에 마련되고, 시설물이 설치되므로 거주 생활이 편리해진다.
⑥ 이들 공사는 지방 자치 단체, 지주 조합 결성, 당국의 엄격한 승인하에 진행되기 때문에 안심하고 성과를 기대할 수 있다.

# 제9장

# 공유수면 매립 사업

우리나라 해안선은 14,962.8㎞로 지구 둘레의 37%에 해당한다. 지구 육지 면적 대비 남한의 국토 면적이 0.07% 미만에도 엄청난 길이의 해안선을 보유하고 있다. 해안선이 긴 이유는 많은 도서島嶼와 더불어 경계를 이루는 해안선 형태가 굴곡이 많기 때문이다.

그중 서해안은 수심이 완만한 해저 지형과 간조대가 넓게 형성된 특성이 있다. 이처럼 굴곡이 많은 해안 지형, 넓은 간조대干潮帶, 완만한 연안 지형은 매립하는 데 매우 유리한 지형적 조건이다.

연안 지역 공유수면 매립은 인간이 꿈꾸는 토지 확장 중 가장 대표적인 개발 행위였다

공유수면 매립은 고려 시대 고종 22년1235년 몽고의 침입을 피해 강화도로 천도한 후 해상 방어를 목적으로 연안 제방을 구축하였다고 알려져 있다.

1962년 1월 〈공유수면매립법〉 제정 전에도 연안 곳곳에서 공

유수면 매립이 있었지만, 동법同法이 제정되고 국가 정책으로 매립 사업을 관리하면서 본격적인 공유수면 매립이 시작되었다.

1960년대 이후 대규모 간척 사업 위주로 많은 매립 사업이 진행되었고, 1963년 우리나라 최초의 대규모 간척이라 할 수 있는 동진강 간척 사업이 시작되었다.

1970년대는 농업 종합 개발 방식으로 간척 사업이 이루어졌고, 1980년 후반부터는 농경지, 도시 용지, 공단 용지, 발전 용지 등의 다양한 토지 수요에 따라 대규모 사업들이 추진되었다. 이 시기는 인구 증가와 산업 발전에 따라 증가하는 토지 수요를 매립 사업 방식으로 대처하였다.

## 1. 공유수면公有水面

가. 바다란 육지와 바닷물이 만나는 해안선으로부터 배타적 경제 수역排他的經濟水域인 자국 해안부터 200해리海里-약 370㎞의 바다까지 관리할 수 있는 권리 외측한계外側限界까지를 말한다. 지적도상 지번地番이 없는 지점부터 먼 바다이다.

나. 바닷가빈지濱地라고도 함란 만조수위선滿潮水位線인 해안선海岸線부터 지적공부地籍公簿에 등록된 사이의 지역을 말한다. 쉽게 표현하자면 밀물일 때 육지와 바닷물 사이의 땅을 말한다.

다. 하천河川, 호소湖沼: 호수와 늪지대, 구거溝渠: 도랑, 기타 공공용公共用으로 사용되는 수류水流이고 국유國有인 것을 말한다. 단, 공공용으로 사용되는 지방 자치 단체 또는 개인 소유 토지의 수면은 공유수면이 아니다. 주의할 점은 공공용이란 반드시 국가 소유 國家所有이어야 함은 물론이고 〈공유수면법〉의 적용을 받아야 하며 국가 소유가 아닌 공공용은 〈공유수면법〉이 아닌 〈하천법河川法〉, 〈소하천정비법적용대상공유수면법〉의 적용을 받는다. 지적공부에 등재된 국유 재산 중 지목이 하천, 유지溜地: 웅덩이, 고여 있는 물 구거로서 물이 흐르지 않고 사실상 토지화土地化 된 경우라 하더라도 용도가 폐지된 후 지목이 변경되기 전까지는 공유수면 관리 규정의 적용 대상이 된다는 것에 주의를 필요로 한다.

라. '포락지浦落地'란 지적공부에 등록된 토지가 물에 침식되어 수면 밑으로 잠긴 토지로, 홍수로 무너지거나 물속에 잠긴 토지멸실를 말한다. 이에는 '바다에 속한 포락지'와 '국유의 내륙 포락지'가 있는데 모두 공유수면에 해당한다.

마. 공유수면은 사법상私法上 인정되는 사권私權의 대상이 되지 못한다. 사용하려는 사람은 관리청으로부터 공유수면의 점용·사용 허가를 받아 공유수면에 인접한 토지의 가격을 기준으로 책정한 사용료, 점용료를 내고 사용·점용할 수 있다.

## 2. 공유수면 매립 사업

공유수면 매립 사업에 대해 알아보자.

공유수면에 흙, 모래, 잡석雜石 등의 물건을 채워 하천河川이나 간척지干拓地: 호수, 늪, 바다를 막아서 농지 용지, 주택 용지, 공업 용지, 도로, 철도 등 기타 용지로 만드는 토지로 만드는 행위를 말한다.

'간척干拓'과 '매립埋立'의 차이점을 알고 갈 필요가 있다. 간척이란 한자의 뜻대로 '막아서 넓힌다'는 것을 의미한다. 하천이나 바다에 제방을 쌓아 물이 못 들어오도록 주변의 물 높이보다 낮은 상태로 이용하는 것이 간척이고, 매립은 물 높이보다 땅을 높이 복토覆土하여 태풍, 대홍수, 해일의 피해를 막고 땅을 넓히는 행위이다.

네덜란드의 경우 전 국토의 65%가 해수면海水面보다 낮아 홍수, 해일海溢 등 자연재해의 큰 피해가 필연적인 이유로 국토의 1/5을 간척 사업으로 넓혔다. 그것을 일컬어 '신은 세상을 창조하였고 네덜란드 사람들은 육지를 만들었다'고 할 정도로 간척 사업이 고도로 전문화되었다.

우리나라는 기후 특성상 농경 문화가 일찍이 발달하여 논농사가 시작되었다. 3면이 바다와 접해 있고 특히 서해와 남해에 갯벌이 많이 분포되어 완만한 해저지형海底地形을 갖추고 있다.

세계 경제의 호황과 경제 산업의 급격화로 수출이 증대하던 시절 국내 조선 시설 용지 수요가 급팽창하면서 공유수면 매립의 필요성도 계속 증가하였다. 1960년대 정부 주도 수자원 개발을 중심으로 하는 다목적 건설, 농지 개발 사업, 간척지 조성 등에 공공 단체, 민간 사업자가 참여하는 방식으로 좁은 국토를 확장하기 위한 대규모의 간척 사업이 추진되었다. 이러한 국책 사업은 우리나라의 1960~70년대 연평균 10% 이상의 고도 경제 성장률에 따른 도시화, 산업화로 농업 용지, 주택 용지, 공업 용지, 공공용지 등 대규모 토지 수요가 절대적으로 필요하고, 국토 이용 구조상 내륙의 토지 개발만으로는 토지 수요를 충족할 수 없어 하천과 해안 매립을 적극적으로 검토, 개발하기에 이르렀다.

정부는 본격적인 공유수면 매립 사업을 시행하였는데 간척 사업의 대표적인 사례를 보면 1991~2010년 단계적으로 완공된 전북 군산시와 부안군을 잇는 방조제로 단군 이래 최대의 국토 개발 사업인 '새만금 간척 사업'을 꼽을 수 있다.

공사 완공 시 확장되는 땅과 농업용수의 넓이는 무려 약 409㎢<sup>약</sup> 1억 2700만 평로 영등포구 여의도 면적의 140배 넓이나 되며 이는 1개의 시·군의 땅 면적의 넓이와 맞먹을 정도이다.

이 책에서 언급한 공유수면 매립 지역은 현재 강남 북측 지역의 한강과 접한 곳을 말한다. 예전 한강의 모습은 굴곡이 많은 들쭉날쭉한 지형이었다.

공유수면 매립 사업과 토지구획 정리 사업은 서로 완전히 다른 방식으로, 토지정비 사업 계획은 정비되지 않은 땅을 반듯하게 만들고, 공유수면 매립 사업은 하천이나 간척지 등 국유지를 넓히며 새롭게 개발하는 것이다.

사업 시행 전, 여름이 되면 한강 유역 근처 압구정동. 신사동, 잠원동, 청담동 등은 홍수洪水로 상습적으로 침수되었다. 저지대의 특성상 물적·인적 피해가 심각하여 주민들 사이에서는 농담으로 "남편이나 마누라 없이는 살아도 장화 없이는 못 산다."라고 할 정도의 재해 지역이었다. 수해 방지 시설 없이는 도시 기능이 멈추는 땅이었다. 한강에 대한 종합 개발 정책綜合開發政策이 절실해지며 그 실천 방안으로 한강 남쪽인 강남을 개발하였다.

그 외 지역인 한강 변의 마포, 여의도, 뚝섬, 강남, 잠실 일대는 홍수가 나면 고스란히 물에 잠기는 형국이었다. 정부는 저지대에 제방 공사를 하여 홍수 피해도 줄이고 공유수면을 흙으로 매립하여 택지로 개발하였다. 제방 위로는 도로를 만들어 주택과 교통 문제를 함께 해결하고, 택지 분양으로 개발 비용도 확보하는 등 한강을 정비하겠다는 야심 찬 계획을 세웠다.

하천을 어떻게 개발하느냐 하는 것이 문제였다. 그리하여 고안한 것이 정부는 개발에 필요한 공유수면 부지를 제공하고 건설업체는 공사 비용을 부담하여 부지를 매립하는 것이었다. 공사가 완료되면 부수적인 개수 사업 시행으로, 정부는 용도에 필요한 만큼의 새로 매립되어 생긴 땅을 공공용으로 가져가고 나머지 땅은 건설 회사 몫으로 가져가는 기막힌 방식이었다.

공사工事는 주로 비수기非需期에 이루어졌다. 공사가 없는 겨울철 쉬고 있는 중장비로 한겨울 12월부터 이듬해 4월까지 제방을 쌓고 매립하여 사업체 측에서는 공사 비용을 대폭 절감할 수 있었다. 기업체는 이렇게 만든 땅에 아파트를 짓거나, 매립으로 확보한 토지를 다시 공기업이나 정부 투자 기관에 매도하여 재고를 남기지 않았다. 사업의 특성상 절대 실패하는 사업도 아니고, 사업권만 취득하면 황금알을 쉽게 줍는 대박 사업이 된 것이다. 결과적으로 국토 전역은 당시 각계각층의 권력자들, 건설사들, 이재理財에 밝은 개인 투자자들로 넘쳐나며 엄청난 투자 이익을 남겼다.

한강 변에서 공유수면 매립 공사가 처음으로 시작된 것은 언제인가?

1960년대 말 강북에 집중되었던 국가 중요 시설의 강남 이전 정책이 시행되면서 본격적인 여의도 개발이 시작되었다. 한강 변에 공유수면 매립 사업이 시행된 곳은 1967년 12월에 시작된 여의도 윤중제輪中堤 방죽防竹 공사로 이어진 여의도 개발이었다.

여의도는 원래 조선 시대 목축장牧畜場으로 일제강점기 시절 경마장과 비행장이 있었으나, 계속 침수피해가 발생하여 시설은 다른 곳으로 옮겼다.

여의도가 홍수로 물에 씻겨 멸실되지 않도록, 당시 인근에 있는 '밤섬'을 폭파하면서 나온 돌과 흙을 쌓아 여의도 전체를 둘러 둑을 쌓은 것이 방죽 공사이다. 이 방죽 공사는 한강에서 매립 사업이 본격적으로 시작되는 출발점이 되었다.

여의도 방죽 공사로 약 2,871,000㎡87만 평이라는 대규모의 토지가 정비되었다.


수면 매립 공사는 1970년대 후반까지 한강 연안漢江沿岸 구석구석을 개발하여 한강의 모습을 완전히 바꾸어 놓았다. 당시의 동부 이촌동의 아파트는 아파트 문화를 새롭게 선도하는 이정표가 되었다.

이후 아파트 붐이 일어나고 민간 건설업자들이 대거 참여하면서 한강 주변을 우리나라 최대의 아파트 단지로 만들게 된 계기가 되었다. 당시 경부고속도로, 한남대교, 서울 지하철 1호선, 소양강 다목적 댐은 정부의 국책 사업이기도 하지만 서울 강남 개발의 결정적인 견인 역할을 주도하였다. 1970년대는 한강 종합 개발이 있었기에 한강 변을 따라 고급 아파트 단지가 생겼고, 친환경 주거 단지로 높은 가치로 인정받으며 부동산 시장 경제를 주도하게 된 한강 종합 개발의 영향력은 실로 어마어마하다고 하겠다.

백사장白沙場과 하천이 부富의 상징이 되어버린 한강 변 아파트들이 어떻게 개발되었는지에 대해 알아볼 필요가 있다.

현대건설 주식회사가 압구정 지역의 상습 침수 지역을 개발할 목적으로 한 공유수면 매립 계획이 1968년 하반기에 신청되고 1969년 2월에 허가가 났다.

하지만 매립할 모래, 잡석 등이 부족한 상황이었다. 현재 성수 대교와 동호 대교 사이로 한강의 본류와 지천인 중랑천이 만나는 곳에 닥나무가 많이 자라는 저자도楮子島라는 섬이 있었다. 1925년 큰 홍수 때 거의 사라지고 모래사장으로 변한 섬에서 나온 모래로 현대건설이 압구정 지역을 매립하여 1972년 2월에 지반이 완공되었다. 현대건설은 원래 계획보다 20% 이상 더 매립을 하여 원상복구 등 시정명령을 받았지만, 우여곡절 끝에 48,072평을 매립하여 도로 용지, 제방 용지 8,069평이 국가 소유로 귀속되고 현대건설이 차지한 것은 40,003평이었다.

현대건설은 이 지역에 모두 5,909호의 현대아파트 대단지를 만들어 분양하였다.

다음은 잠실 지구로, 잠실蠶室 섬은 원래 지금의 광진구 자양동에 붙어있는 반도형의 땅이었다.

집권 정부가 잠실 섬 일대 한강을 매립하여 토지를 만드는 공유수면 매립사업은 워낙 방대한 규모였다. 1969년 1월 서울시가 건설부에 매립 인가 신청서를 제출하였으나 이 사업은 민간 자본 참여로 최종 결론이 났다. 가장 큰 이유가 정치 자금을 걷는 조건이었으므로 여러 대형 건설 회사는 잠실 지구 매립 사업권을 수주했다. 정부는 동시에 토지구획 정리 사업을 추진하여 약 924만㎡280만 평의 잠실 지구를 구획정리 사업 대상지로 지정하였다.

본격적으로 공사 시작 후 매립에 쓰일 흙이 부족해지자 서울에서 매일 버려지는 연탄재, 생활 쓰레기 등을 매립하여 1978년 6월에 완공하면서 약 249만㎡754,000평의 땅이 생기고 잠실 지구 구획정리 사업 지역을 합쳐 약 340만 평의 잠실 지구가 확정되었다.

1971년도 당시 잠실 매립지를 한국감정원에서 감정 평가한 가격이 과연 얼마 정도나 될까?

당시 매립 공사 착수 전 섬에 거주하는 주민들에게 구획을 정리하면서 환지가 될 면적의 산출 근거 등을 미리 마련해 둘 필요 때문에 감정을 하였다.

예를 들면 포락지浦落地는 4,500원, 백사장은 2,000원, 주택지는 5,000원, 경작지는 4,000원, 포플러 나무 성장지는 3,500원으로 평가하였다.

실로 현재와 비교하면 격세지감이라 하겠다.

이외에도 1977년에 압구정동의 한양아파트 38,323㎡약 11,613평, 1967년 마포구 합정동의 천주교 절두산 성지 수면 매립지 약 4,400평, 1970년에 동작구 흑석동의 원불교 중앙 본부 약 2,000평은 종교 단체에서 수면 매립을 하였다. 이리하여 한강 변은 아파트 단지와 종교 시설 등으로 변모하였다.

덧붙여 해양수산부 장관은 1991년부터 10년마다 광역시·도, 지방 해양수산청 및 관련 부처 등을 대상으로 매립지에 대한 수요 조사를 실시하고, 심의를 거쳐 계획을 수립하여 지체 없이 관보에 게시하고 관계 중앙 행정 기관장 및 관계 시·도지사에게 통보하여야 하며, 시·도지사는 시장, 군수, 또는 구청장으로 하여금 일반인이 열람할 수 있도록 허용한다.

〈공유수면관리법〉과 〈공유수면매립법〉으로 양분되어 있던 것을 통합하여 〈공유수면관리 및 매립에 관한 법률〉이 제정되었다.

더불어 준공된 매립지의 매립목적 변경 제한 기간을 20년에서 10년으로 단축했다. 이는 주변 여건에 맞춰 토지를 이용할 수 있어 사업 투자자의 이익에 좋은 조건이다.

# 제10장

# 미래 주거 트렌드와 투자

불 혁명, 농경 혁명, 산업 혁명, 디지털 혁명 4단계로 진화해도 의식주衣食住는 반드시 필요한 요소이다.

주住는 의衣, 식食과 더불어 지속적으로 발달해 오고 점·선·면 공간으로 활동 범위를 확장한다. 심지어 지구 밖 우주 공간으로 활동 범위를 넓히고, 사이버 공간에서는 현실 세계보다 자유롭게 다양한 활동이 이루어지고 있다.

빙하기 인류는 동굴 속에서 수렵·채집 위주의 생활을 하였다. 농경 시대는 농업이나 목축에 필요한 주거형 주택을 짓고 잉여剩餘 식량을 물물교환하며 활동 반경을 넓혀 나갔다. 산업화 시대는 산업화에 필요한 대형 창고, 공장 건물을 짓기 시작하였고 경제 활동 범위를 확장하였다. 디지털 시대인 지금은 철강 구조물과 최첨단 정보 기술을 활용 대형 건축물을 짓는 시대이다.

집이란 몸과 마음에 좋은 기氣를 느끼며 영혼靈魂을 편안하게 쉴수 있는 터이며 하나의 우주宇宙이다. 동서남북, 사방상하四方上下, 공간적인 집, 하늘과 땅이 입체적인 집의 개념이다. 집은 우리의 삶을 총체적으로 드러내는 수단임을 알 수 있다. 무엇보다 환경에 잘 적응하고, 보호받으며 살기 위해 집만큼 중요한 것은 없다.

각 나라의 다양한 집의 형태가 이루어진 원칙은 기후와 지형에 거스르지 않고 자연스럽게 지었다는 것이다. 19C 산업 혁명 이후 기계 중심의 2차 산업은 대량 생산, 대량 소비의 시대를 거치면서 대가족 중심의 가족 구조에서 핵가족으로 분화하게 했고, 사람들은 도시로 몰려들었다. 그러나 도시의 삶은 주거에 대한 전통적 개념과는 전혀 다른 새로운 질서를 요구하였으며 새로운 형식의 주거 문화가 형성되었다.

급격한 산업화를 거친 우리나라도 주택 시장의 형성과정에서 양적 팽창 위주의 양상에서 벗어날 수 없었다. 이처럼 무분별하고 획일화된 양적 팽창 계획하에서 삶의 질에 대한 가치를 높이는 것은 불가능하였다.

건설사들 사이에서는 짓기만 하면 팔린다는 잘못된 관념이 만연하게 되었다. 삶의 질은 저하되고 환경의 파괴는 더욱 가속화될 수밖에 없었다.

특히 건물의 구조나 형태가 획일화되면서 수요자들, 투자자들의 기대치가 제대로 반영되지 않았다.

주택 시장에 대한 수요자들의 반응이 점차 냉담해지기 시작하면서 건설사들 사이에서 생존하기 위한 움직임이 일고 있는 것은 주목할 만한 성과다.

최근 공급되고 있는 아파트의 경우를 보더라도 첨단화尖端化, 고급화高級化로 포장됐을 뿐, 다른 획일화를 꾀하고 있는 것이 아닌가 하는 의구심이 든다.

　도심에 건설되는 아파트와 수도권 및 지방에 건설되는 아파트와의 차이점이란 찾아보기 힘들며 수요자들의 성향을 고려한 설계 사례 또한 쉽게 접할 수 없는 실정이다. 정보화, 글로벌화 시대의 미래 주거 문화를 선도하고 무한 경쟁 속에서 건설사들이 생존 전략을 키우는 길은 미래사회 가치와 다양한 수요자들, 투자자들의 특성을 올바로 인식하는 것이다. 이러한 건설사들의 움직임이 '정보화 사회에서 수요자들과 투자자들의 다양한 요구에 부합한 것'이라고 하기엔 아직 갈 길이 멀다.

　주거는 인간 생활의 향상 및 사회 발전 속도와 함께 계속 변화하고 있다. 생활의 요구와 필요에 따라 주거 공간을 변화시키지만 달리 생각하면 주거 모습은 변화하는 인간들의 생활을 표현하는 도구일 뿐이다.

　주거의 모습은 수요자들, 투자자들의 생활상 요구만 수용되는 것이 아니라 사회적인 조건 및 기술적인 진보 등 여러 요소에 의해 끊임없이 변화된다.

　사회는 항상 기술 그 자체가 변하는 것이 아니며 그 속에는 언제나 필요로 하는 수요자들, 투자자들이 중심이 되어 본질적이고도 기본적인 가치관이 중요한 요인으로 작용하고 있다. 시대에 따라 수요자의 생활 패턴 및 변화 요인에 적절히 혹은 적극적으로 대응할 수 있는 정보화, 첨단화와 자연적인 환경을 제공하면서 수요자들이 쾌적하고, 편리하게 이용할 수 있는 투자 물건을 제시하는 시대가 분명히 도래하고 있다.

변화하는 주거 문화는 지리적 혹은 풍토적 조건 속에서, 보다 나은 생활상을 실현하기 위해 형성된 것이며 나아가 사회적 혹은 정치적 조건과도 밀접한 관련성을 가지면서 형성되어 온 사람들의 생활 역사이자 삶의 흔적이다.

1948년 해방 직후인 1949년 고작 서울 인구는 100만 명 정도였다. 경제 개발 직후 1963년 무려 320만 명으로 폭발적인 증가세를 보였고, 2011년에는 드디어 1천만 명을 돌파하였다.

사람들이 끊임없이 밀려오는 서울시의 확장은 미룰 수 없는 불가피한 선택이 되었다. 점점 규모가 커지면서 세계적인 도시와 어깨를 견주는 메가시티Mega City가 되었다. 시기는 달랐지만, 근대화를 먼저 이룩한 선진국의 수도首都도 유사한 양상을 띠었다. 경제 개발과 함께 산업화와 근대화 시대에 큰 변화와 기존의 틀에 영향을 끼친 것은 바로 주거 형태였다.

느림의 미학美學에서 빠름의 미학으로 살림살이가 바뀌는 과정에 편리하고 간단한 아파트의 시대가 우리 생활 속 깊숙이 자리 잡게 되었다.

우리의 도시 생활은 아파트와 더불어 시작되었다. 좁은 국토를 효율적으로 이용할 수 있고 수많은 사람이 거주하는 사람 위에 사람이 있고 사람 밑에 사람이 있다는 이른바 아파트 문화가 아니었다면 국토 전체가 집으로 뒤덮여 농사나 공장 지을 땅도 부족하였을 것이다.

이제는 좋든 싫든 구별 없이 고층 아파트가 주된 주거 방식임을 인정할 수밖에 없는 시대이다.

주거 문화에서 아파트는 인구 구조, 가족 구조, 사회 구조의 변화를 가져오는 중요한 변수가 되었으며, 경제성과 산업화인 도시 중심적 쏠림 현상으로 부동산의 투자·투기도 시작되었다.

아파트란 한 채의 건물 내에 독립된 여러 세대가 살 수 있게 건축된 공동 주택으로, 우리나라 건축법 시행령은 5층 이상을 공동 주택으로 규정하고 있다. 이는 협소狹小한 국토를 효율적으로 이용하고 단독 주택을 대체함으로써 건축 대지와 공사비를 절약하고, 도시의 평면적 확장을 방지하면서 국토를 유효有效하게 이용할 수 있는 방법이었다.

경제 성장과 함께 소득 수준이 향상되면서 질적으로 우수하고 편리하며 위생적인 주택을 찾게 되었다.
예전의 가부장적 대가족이 붕괴되고 부부 중심으로 가족 구성이 변화하면서 구성원들도 핵가족화되었다. 2000년대 이르러 핵가족이 와해瓦解되면서 1인 가구로 분열되고 있다. 산업화가 진행되면서 여성의 노동력이 필요해졌고, 여성의 사회 진출 확대는 이러한 주거 생활과 주거 형식의 변화를 강요하였다.

아파트의 고층화가 급증하면서 우리의 주거 특징은 도시가스와 자동차를 기반으로 하는 이기利器 문명 시대로 진입하였다. 주거 문화에서 아파트는 인구 구조, 사회 구조의 변화를 가져오는 중요한 변수가 되었다. 주거 형태도 우리의 전통 좌식 문화에서 입식立式 문화인 서양식으로 다변화되었다.

아파트 생활은 삶을 영위하는 개인적인 공간이자 공동 집단의 영향을 외면할 수 없는 특이한 생활공간이다. 아파트는 개인 주택에 비해 주변 환경과 위치, 편의 시설 등에 여러 영향을 받는데 이는 기본 생활의 다양한 욕구를 충족시키고, 이웃 간의 소통도 원활히 하도록 편리성과 쾌적성까지 추구하고 있다.

한국에서 아파트의 위상은 대단하다. 특히 한국에서는 누구나 바라고 희망하는 꿈의 주거 형태다. 일부 부유층이 거주하는 지역을 제외하고는 단독 주택의 삶은 빈곤貧困, 하층민下層民이라는 이미지가 강하다. 하지만 아파트의 삶은 안전, 중산층, 고급과 같은 이미지로 연결된다. 유럽에서는 아파트를 하층민을 위한 임시 주택으로 국가가 싼값에 공급하는 방식이었지만, 특이하게도 우리나라에서는 아파트가 부富의 상징으로 인식이 되어 재산이 없거나 어느 정도의 재산이 있는 투자자들을 위한 투자처가 되었다. 아파트 이미지의 속내를 보면, 주택을 사용하는 사람들의 생활을 얼마나 충실하게 반영할 수 있는가에 초점을 맞추기보다는 시대에 부응하여 단순히 투자 상품으로서의 기능만 강조되었다.

지난 50년간 주거의 자산 가치 기능이 강조되면서 다수의 국민에게 부의 1순위를 결정짓는 최종 목표가 되었다. 지난 시절 주거 욕구 또한 일차적인 일상생활을 만족시키는 것에 한정되었던 것도 사실이다. 주택이 삶의 공간보다는 재財테크의 수단이 되면서, 부동산 가격 상승에 의한 자산 가치는 주택 선택의 핵심 요인核心要因이 되었다.

아파트는 다른 주거 상품보다 수요자들과 많은 투자자가 선호할 수밖에 없는 재화財貨가 되었다. 아파트는 가격이 떨어지지 않는다는 기대치가 다른 투자 상품보다 높고, 쉽게 처분해서 많은 차액을 남기는 환금성換金性이 좋다는 생각이 팽배해지면서 최고의 재테크라는 인식이 생겼다. 아파트가 우리의 주거 문화에 막대한 영향을 끼치게 되고 투자자들의 투자 수단으로 여겨져 가정 경제가 풍요로워졌지만, 언제까지 지속될지에 관심을 가져야 할 때가 되었다.

단편적인 경향에도 변화가 감지되면서 새로운 구조 환경을 강하게 요구하는 시대가 도래到來하였다. 획일화된 고층 아파트가 그저 단순히 건물로써 유지되고 양적 팽창과 높이의 제한 없이 확장되면서 도시의 스카이라인이 자연에 순응하지 못한 채 일그러진 형태로 유지된다면 다양성을 잃어가는 아파트의 시대에는 오히려 외면받을 것이다. 이제 더 이상 투자자들도 구태의연한 상품으로는 많은 차액을 남길 수 없다.

앞으로 주거 형태의 선호도는 점진적인 변화를 겪을 것이다. 결국 신개념 주택들이 등장할 것이므로 획일적인 외형의 아파트는 수요자와 투자자에게 외면당할 것이다. 분명한 사실은 부동산 시장에도 빈익빈貧益貧, 부익부富益富 현상이 있다.

부동산 시장의 흐름을 다른 투자자들보다 앞서 읽게 되면 투자의 기회는 더 밝아진다. 시장의 패러다임 자체가 바뀔 것이니 예전의 방식으로 접근해서는 안 된다. 투자자들 또한 기본적인 주거 문화 트렌드를 읽으면서 올바르고 빠르게 받아 들여야 한다.

주거 생활은 과거나 미래를 불문하고 일상생활에서 중요한 의미를 지닐 것이다. 1970년대부터 지금까지 약 50년이 제1의 투자 혁명 시대라고 하면, 2020년 이후로는 제2의 투자 혁명의 시대가 된다. 제1의 투자 혁명 시대가 미성숙 투자 시대라 한다면, 제2의 투자 혁명 시대는 고품격의 시대이다.

그동안 비슷한 모양의 수많은 아파트를 만들어 기본적인 도시 자체의 고유성도 사라졌다. 이는 한국에서만 찾아볼 수 있는 급속한 경제 성장에 기인한 것이다. 수요자들은 다양한 상품을 요구할 것이며, 투자자들은 수요자들보다 앞서 수요에 맞추어 상품을 개발해야 한다.

국토 대부분이 산악山岳과 구릉지丘陵地에 위치하면서, 전통적인 주거 지역에서는 우리의 생활 속에서 표현되는 건축을 비롯한 모든 구조물이 자연환경을 중시하는 특성을 보이며, 미학적美學的으로 완만한 곡선曲線을 이룬다. 이러한 한옥韓屋의 유익함을 배제하고 철근, 철골, 시멘트 등으로 건축하여 또 다른 생활의 폐해弊害를 준 것 또한 사실이다.

선진국의 경우는 오랜 세월 서서히 산업화가 이루어졌기에 주택의 공급도 서서히 이루어졌다. 그러나 우리나라의 현재 아파트는 투자와 투기의 대상이 되고 있으나, 한정된 좁은 땅에 촘촘한 회색灰色 건물을 지어 수요자들과 투자자들에게 공급하는 시대는 분명 지나가고 있다.

투자에 있어서 가장 중요한 것은 향후 주택의 상품이 어떻게 전개

될지 예측하는 측면과 수요자들의 요구 전에 공급자들이 앞서서 상품을 개발해야 한다는 것이며, 수요자들에게 궁극적으로 다양한 혜택을 제공하고, 편안하고, 향상된 주거 환경이 조성된 상품을 개발해야 할 것이다.

이제까지 볼 수 없던 자연 친화적인 조건과 최첨단 기능성 조건을 추구하며 편의성, 보안성 등으로 갖추어진 아파트에 투자하는 시대가 다가오고 있다.

투자자들이 반드시 알아야 할 자연 친화적인 조건, 최첨단 조건에 관해서 이야기하겠다.

## 1. 자연 친화적 조건

아파트의 조건 중 가장 중요한 점으로 자연의 일부인 바람의 길을 순화靜化하면서 건물을 지어야 한다.

바람은 우리의 눈에 보이지 않고 만질 수 없지만 우리는 느낀다. 바람은 어느 한 곳에 머물지 않고 움직인다. '바람이 집과 무슨 관계가 있나?'라고 생각할 것이다. 하지만 고수익의 필수 조건이다. 바람은 상공의 기압氣壓 변화로 발생하는 공기의 움직임이다.

바람은 산 계곡溪谷에서 형성되어 계곡을 따라 아래로 내려간다. 지역마다 바람길이 조금씩 다르겠지만 서울의 바람길은 서쪽에서 불어오는 바람이 한강 줄기를 타고 각 지류支流로 흘러간다.

그러나 지류인 탄천 및 중랑천에 들어선 고층 아파트들 때문에 바람길은 현재 막혀 있다. 산 계곡에서 만들어진 바람은 자체의 길을 따라서 맑은 공기를 실어 오고 도심都心 속 오염된 공기를 하류로 실어 간다.

　그러나 무질서하게 들어선 아파트들로 인하여 도심 속의 공기는 빠져나갈 길을 잃고 헤매고 있다. 갈 곳을 잃은 공기는 도시의 뜨거운 공기를 적체積滯시킨다. 온갖 먼지는 대기오염을 발생시키며 한여름에는 열대야인 열섬 현상을 만든다.

　우리나라 주요 도시는 여름이 오기 전부터 열대야熱帶夜현상이 일어난다. 잠 못 이루는 밤이 여름 내내 이어진다. 대부분 분지로 이루어진 도시는 공기의 통로가 막힌다. 바람길을 막으며 무심히 서 있는 건축물들 사이에는 바람의 길이 통하지 않아서 뜨거운 열기가 빠져나갈 수 없다. 자연의 일부인 바람길을 막아서는 안 된다. 필자는 한강 변을 따라 늘어선 아파트들의 군상群像들을 접하고 있다. 지금까지는 경제 개발의 급격한 산업화의 부산물副産物로 이해하려 하나, 너무나도 무심하고 무계획적인 난개발의 상징물을 이제는 자연 친화적으로 고쳐야 한다.

　특히나 서울 시내를 걷다 보면 숨이 막히는 회색 건물로 꽉 차 있어 바람도 길을 잃고 사람도 길을 잃게 된다. 회색 건물들의 산물인 도시 열섬 현상은 사람들의 숨을 답답하게 만든다. 건축물, 아스팔트, 콘크리트 등이 자동차의 열, 매연, 태양열을 흡수하다 내뿜는 열기가 사람들의 가슴을 답답하게 하고 호흡을 멈추게 하고 있다. 이상 기후를 일으키는 열섬 현상을 줄이기 위해서라도 녹지를 늘리고, 도시의 바람길을 열어 주어 공기의 순환이 잘되도록 노력해야 한다.

바람은 강을 따라 흐르며 골목, 바람의 길을 따라 흘러 신선한 공기를 선물한다. 한강을 따라서 난개발로 늘어선 아파트들로 인해 바람은 길을 잃고 헤매고 있다. 이제는 개발 시대에 마구잡이식으로 지어지고, 강변을 따라 지어진 후진성後進性의 건물은 지양하고 자연 지형에 맞게 건물 배치를 고려한 고품격高品格이면서 친환경적인 건축물을 지어야 한다.

여기 좋은 글이 있어 인용한다.

"…… 도시 열섬 현상은 도시 기온이 주변 외곽 또는 시골 지역의 기온보다 더 높은 인공 열섬이 되는 현상을 말한다. 이런 현상은 도시의 건축물, 돌 표면, 아스팔트, 콘크리트 등이 태양열을 저장했다가 주변의 공기 중으로 방출放出하기 때문이다. 우리가 살고 있는 도시 지역의 도로 등은 물이 스며들지 않는 것으로 구성하고 있어서 빗물이 냉각작용을 할 이유도 없이 신속하게 배수체계排水體系를 통해 제거되고 만다. 고층 건물이나 아파트 벽, 도시 기반시설 등의 표면을 구성하고 있는 돌, 콘크리트와 같은 재료는 흡수한 열에너지를 다시 다른 표면으로 반사 시켜 높은 승수효과乘數孝果를 내는 반사체로 작용해 도시 전체가 열을 흡수하고 저장하는 하나의 열 저장창고 기능을 수행함으로써 여름철에 이러한 기온 상승 효과를 가져온다. …… 또한 도시의 대기는 농촌 지역보다 약 10배 많은 부유 입자를 함유하고 있는데, 부유 입자들은 유입되는 태양의 빛과 열을 반사하고 지표면으로부터의 열의 속도를 방해해

도시 열섬 현상이 되고 있다. …… 이러한 문제를 해결하기 위해 도시 계획 분야에서 시도하고 있는 것이 바로 도시의 바람길 구축이다. …… 이처럼 도시 바람길은 지형, 물, 식생, 등을 고려해 신선하고 찬 공기가 도시 지역으로 유입流入되고 바람의 흐름을 이용해 공기순환을 원활하게 함으로써 도시 열섬 현상을 해결하는 데 역할을 하는 것이다." 고(故) 김정곤 박사의 '도시 열섬 현상과 바람길의 필요성' 중에서 인용

## 2. 최첨단 조건

그동안 정부의 임기응변식 건설 행정이 난무하면서 자연 친화적이지 못한 성의誠意 없는 건물들을 건설 회사들이 지어 온 것이다.

우리나라와 외국의 재건축 연한을 비교하면 우리는 보통 연한이 40년인데 미국의 경우는 70년이고 프랑스는 80년, 독일은 120년, 영국은 무려 130년이다. 이제 우리도 외국과 같이 최소한 100년 이상 명성이 이어지게 고품격의 아파트를 지어야 한다.

인구 감소와 아파트 자체의 불편함으로 인한 여러 변수도 생겨나고 있다. 전반적인 소득 증가는 삶의 질을 중요시하는 웰빙Well-Being으로 바뀌면서 한층 품격品格 있는 주거 형태의 패러다임으로 인식도 전환되고 있다.

미래 주거 환경을 실측할 때 고려해야 할 점들에는 여러 가지가 있을 수 있지만 4차 산업 혁명에서 주거 환경은 첨단화, 정보화, 편리화 이 모든 것의 요구를 충족해야 한다.

초기이지만 5세대5G 시대가 오면서 인공 지능, 의료, LOT 같은 분야가 이미 우리 곁에서 감지되고 있다. 모든 사물事物이 인터넷으로 연결되어 인간의 삶이 획기적으로 발전하는 사회로 가고 있다.

이러한 **미래 상황은 2가지의 측면**에서 바라볼 수 있는데

①긍정적인 측면으로 과학 기술이 발전하여 보다 나은 생활을 할 것이라는 기대감.

②과학 기술에 담겨 있는 또 다른 어두운 면에 대한 걱정과 우려라는 반작용.

주거 건물에 정보 통신 기술의 발달로 최첨단 기술이 건물에 접목되고, 앞서 이야기한 친환경적인 기술이 접목되면서 상호 보완되어 미래를 선도하는 투자 건물의 시대가 다가오고 있다.

1960~1970년대 아파트의 문화는 단순한 주거용으로 아파트가 소품종 대량 생산 시대라면, 1980~1990년대 2세대에는 주거가 하나의 재산 축적 수단財産蓄積手段이며, 거주자들의 프라이버시 등을 고려한 최소한의 주거 환경을 요구하는 시대로 아파트는 표준화와 규격화, 소품종 대량 생산의 시대였다.

2000년대 이후 3세대에서는 고차원적인 삶의 질을 추구하면서 다품종 소량 생산을 하며, 구매자들은 선택적, 맞춤형 설계를 요구하게 된다. 즉, 주거 요구는 결과적으로 풍요로운 삶의 질을 추구

하기 위한 것이라 하겠다.

여기서 필자는 미래를 선도할 투자 물건들의 종류에 대해서 글을 쓸 것이다. 부동산 투자로 다가오는 제2의 투자 혁명을 기대하는 투자자들은 원하는 투자 대박을 이루기를 기대하겠다. 상기上記에 이야기한 자연 친화적 조건과 최첨단 기능화 조건은 다음에 제시하는 투자 종목에 반드시 공통으로 적용된다는 점을 잊어서는 안 된다.

● 제2의 투자 혁명 시대에 투자자들이 주시해야 할 주거 트렌드
1) 한옥韓屋형 아파트

아파트는 오늘날 수요자의 요구에 잘 부합하여 한국의 대표적 주거 유형으로 자리 잡았다. 유독 아파트가 우리나라에 잘 적응된 이유는 1960년대 서양식 아파트 평면이 우리나라 아파트 시장에 도입되는 과정에서 우리의 문화와 맞지 않는 부분은 도태되고 잘 부합하는 면은 계승되는 과정이 존재했기 때문이다. 이러한 관점에서 살펴볼 때 우리의 아파트는 비록 우리의 전통 주거인 한옥과 서로 다른 주거 유형으로 분류되지만, 차이점과 함께 2가지 주거 유형이 공유하는 공통점 또한 내재하고 있다.

전통적으로 한옥은 남방형의 마루와 북방형의 구들이 겸하여 형성되어서 냉·난방장치가 한 주택 내에 배치된 보기 드문 형태로 발전되었다. 한민족 정서의 근저에는 그리움으로 굳건히 자리하고 있다.

온통 서구식 건축양식으로 우리 주변을 채우고 있는 요즈음 건강한 주택에 대한 관심과 획일적 아파트 공간에 대한 회의로 인해

전통을 살리면서도 현대적 감성과 기능을 담은 한옥형 아파트에 관심이 높아지고 있다. 최근 웰빙 바람과 함께 사람들은 건강에 많은 관심을 갖게 되었다.

특히 황토, 나무 등과 같은 건강에 좋은 천연 재료天然材料를 이용한 건축이 콘크리트와 같은 인공재료를 대체하고 있으며 이러한 맥락脈絡에서 우리의 전통 주거인 한옥이 새롭게 한옥형 아파트로 재조명되고 있다. 전통 소재의 물리적 한계를 보완하면서 친환경적 특성을 살린 21C에 적합한 한옥형 아파트 건설이 조금씩 진행되고 있다.

현대 과학 문명이 발달하기 전 우리의 조상들은 건축물에서도 '자연에 순응順應'이라는 기본적인 원리를 적용하였다. 건물의 향向과 형상形狀, 동지冬至와 하지夏至를 고려한 처마길이나 맞통풍通風을 유도하는 공간 배치 및 창호窓戶계획 적절한 건물의 외피外皮 재료 등 많은 풍토 주의 건축의 흔적을 통해 쉽게 인지를 할 수 있다. 본격적인 에너지 자원이 개발되지 못했던 이 시대로는 어쩌면 당연하고 자연스러운 결과이다.

가슴 한편 저 바닥 깊은 곳에는 여전히 변하지 않는 한국인의 기본적인 정서인 한옥韓屋 주택이 자리 잡고 있다.

한옥을 이루는 재료는 종이, 흙, 나무가 기본이다. 이러한 재료가 만나서 황토벽, 대청마루, 미닫이문, 창호지가 균형을 이루며 한옥으로 변모한다. 일반 아파트와 달리 내부를 나무, 황토와 같은 자연 친화적 재료를 사용해서 거실과 발코니 공간에 마당 개념을 도입하였다. 사랑방과 대청마루 공간을 별도로 마련하고 문과 창문 등에 전통 문양을 새겨 넣었다. 전통 요소의 현대적 해석을 통해 고전미古典美와 현대미現代美가 어우러져 쉽게 질리지 않는 스타일로 계속 창조된다. 소득 수준이 향상되면서 상류 주택上流住宅은 전통 한옥이 가지고 있는 기본적 특성을 바탕으로 수요자의 경제력과 사회적 지위에 힘입어 통일된 건축 양식과 일관된 구조적 체계를 가진 형태로 발전된다.

한옥은 집 자체가 자연이다. 한옥 생활을 도외시하게 만든 외국의 서민 주택인 아파트가 편리성을 추구함으로써 한옥 생활을 하던 우리의 주거 생활을 완전히 뒤바꾸어 놓았다. 여러 가지 야기惹起되는 불편이 우리의 주거에 맞지 않음을 알게 되고 여유가 생기자, 예전의 한옥을 다시 그리워하게 되었다.

아파트의 편리함과 한옥의 느긋함을 추구하는 것이 한옥형韓屋形 아파트다. 건물의 외부外部는 한옥처럼 지어 친근감을 주고 내부內部는 한옥에 사용하는 원목原木과 황토黃土를 사용한다.

예로부터 황토로 지은 주택은 온화하고 포근한 느낌을 준다고 알려져 왔다. 전통 주택은 인체 내의 나쁜 독성毒性을 중화中和시키며 습도도 조절한다. 더운 날씨에는 열기熱氣를 낮추어주고 추운 날씨에는 자체적으로 온기溫氣를 유지한다. 황토는 사이사이에 미세한 구멍이 있어 방음防音에도 놀라운 효과를 보이고 아토피 질환에도 많은 효능을 보인다.

사랑방, 대청마루, 문과 창문은 우리의 전통 문양文樣으로 만든다. 실내는 최첨단 생활 속의 모든 사물을 유선·무선 네트워크에 연결하여 정보를 공유하고 생성生成, 수집收集하는 환경이 융합融合된 사물 인터넷Internet Of Things, IOT)이 대신한다. 그동안 우리 주거 형태가 보편적인 아파트였다면 앞으로는 최첨단으로 무장된 한옥형 아파트가 투자 종목이 된다.

## 2) 타운 하우스Town House

타운 하우스는 적어도 벽면 한쪽을 옆집과 공유하는 다층 구조多層構造로 된 집이다.

타운 하우스는 커먼 스페이스Common Space라고 하는 공동 정원에 연속 저층으로 건축된 주택으로 단독 주택과 공동 주택의 장점을 가진 것으로 10~100가구씩 모여 정원과 담을 공유하는 단독 주택이다. 개인의 프라이버시를 보호하면서 동시에 방범防犯, 방재防災 등 관리의 효율성을 높인 주거 형태이다.

17C 런던에 건축된 코벤트 가든Covent Garden이 최초의 귀족형 타운 하우스와 백투백Back To Back: 18C 영국의 공업 도시에 지은 서민용 연립 주택이라는 노동자 주택이 등장하여 과밀화하고 비위생적인 환경이 광범위하게 조성되었다.

미국의 사례를 보면 초기에 성립되었던 필라델피아, 보스턴, 뉴욕 등 동부 해안의 도시들을 중심으로 타운 하우스의 건축이 시작되었다. 필라델피아의 경우는 건축가 펜W. Penn에 의해 도시 계획이 수립되었고, 이 계획이 시행되던 시기부터 타운 하우스가 주요 건축 유형으로 채택되었다.

## ● 우리나라의 타운 하우스

우리나라의 주택은 1970년대 중반까지만 해도 단독 주택을 중심으로 주택이 공급되었고 아파트와 연립 주택聯立住宅이 단독 주택을 보완하는 수준이었으나 1980년대 대규모 택지 개발과 신도시 건설 시 대부분 아파트 위주로 공급함에 따라 아파트의 비중이 높아지기 시작하였다.

우리나라에 뿌리박힌 아파트에 대한 상당한 인기에도 불구하고 단독 주택과 타운 하우스 등에 다른 인식이 생성되기 시작하였다.

우리는 본능적으로 흙, 하늘, 나무 등 자연과 더불어 살아왔으며 도시 생활의 공간 속에서 제한적이나마 흙을 밟으며 자연과 함께 살 수 있다는 것에 더할 나위 없는 행복으로 여긴다.

이제까지 우리 주변에서 흔히 볼 수 있었던 공동 주택共同住宅의 이미지 대부분은 도심 속 제한된 조건 속에서 개인 공간과 공동 공간의 개념이 모호하고, 자연을 접할 기회가 줄고, 인공적이고도 폐쇄적인 생활 공간이 되곤 하였다. 획일적인 아파트 평면과 자연환경에 대한 동경에서 비롯되어, 아파트의 대안으로 타운 하우스가 제시되었다.

단지 내 단독 주택 여러 채를 지어 '타운 하우스'라는 이름으로 분양이 되었다.

몇몇 일부 중소 건설업체들이 시공施工에 뛰어들었으나 크게 관심을 끌지 못했다.

아파트가 대세인 국내 주택 시장에 최근 대형 건설업체들이 타운 하우스를 최고급 주택으로 인식, 분양하면서 틈새시장을 만들어 나가고 있다.

타운 하우스란 말 그대로 도시 내 주택을 말하지만, 아파트와 단독 주택의 장점만 결합結合시킨 주택이다. 이 주택의 특징은 수직적으로 복층형식이고 수평적으로는 합벽合壁식Row House 구조를 취하는 저층 저밀도의 공동 주택共同住宅이다.

2~4가구가 한 지붕을 공유하며 1개 동을 이루어 겉으로는 공동 주택과 비슷하나 각각 분리된 출입문을 갖는다. 지하층에서 지상층까지 사용하는 내부 구조는 단독 주택單獨住宅 형식이다. 타운 하우스는 독립적인 형태를 취하지만 한 울타리에 모여 사는 새로운 개념의 주거 형태이다.

일반적으로 1층은 거실, 식당, 부엌 등의 생활 공간을 배치하고 2층은 침실, 서재 등의 수면·휴식 공간으로 구성한다. 1층에는 테라스를 설치하거나 정원으로 연결되는 구조로 만들고 2층은 발코니 공간을 설치한다. 각 세대의 경계, 즉 울타리는 나무를 심거나 화단을 만들어 구분하기도 한다.

주차장은 세대별로 설치한다. 아파트의 단점인 층간소음, 화장실 배수 소음, 엘리베이터 기다림의 불편, 단조單調로움과 단독 주택의 불편함을 보완해주는 것이 타운 하우스이다.

선진국을 비롯한 세계 여러 나라는 타운 하우스가 오래전부터 부유층이 사는 독립獨立된 공간으로 각인되어 있고, 아파트는 서민층이 사는 주택으로 인식되고 있다.

2000년대 이후 선진국형 고급 빌라의 장점을 알게 된 사람들은 초고층 아파트에 싫증 난 고소득층들이 누릴 수 있는 주거住居 공간이라 여겼다.

독립적이지만 다가구로 이루어짐으로써, 사회적인 인간이 추구하는 혼자이지만 혼자이지 않은 공동체로 여기게 되었다.

최근 들어 젊은 부부들 사이에 마당 있는 집에 관한 관심이 증가增加하면서 점진적인 수요가 늘어나고 투자 가치와 환금성換金性이 더해져 투자처로 급부상하고 있다.

현재 우리나라의 타운 하우스는 아파트와는 달리 대부분 교외에 있으며, 수려한 자연경관에 입지立地하고 있다. 특히 소득이 증가하면서 개인 정원을 가지고 싶은 수요자들의 요구에 발맞추고 있다. 아파트처럼 대규모 단지가 아니므로 다양한 커뮤니티 시설을 도입할 수 없어 아파트보다 만족도는 낮지만 앞으로 그러한 시설들이 개선된다면 선호될 것이다.

앞으로 추구하는 삶의 질은 향상될 것이다. 주택 시장에서 전원생활이 가능한 타운 하우스를 찾는 수요가 증가할 것이며 아파트를 대체하는 투자 브랜드로 주목받을 것이다.

## 3) 단독 주택

단독 주택이란 한 세대를 위해 마련된 것으로 다른 주택과 연결되어 있지 않은 주택으로 독립 주택獨立住宅이라고도 하며 한 건물에 한 세대만 사는 주택을 말한다. 이는 공동 주택과 정반대되는 개념으로 초가집, 기와집, 등 전통적인 양식과 슬레이트 지붕을 얹은 집처럼 '빈곤'을 상징하는 집부터 사진에서나 볼 수 있는 대궐 집에 이르기까지 다양하다.

우리 조상들은 집을 온전한 터에 짓고 살아야 재물財物이 모이고 훌륭한 인재人才도 태어난다고 굳게 믿었다. 풍수적 관점에서 집터의 지기地氣는 손상돼서는 안 된다.

주거 형태의 결정은 지형, 기후, 재료, 공법 등과 같은 요소要素에 의하여 영향을 받는다. 자연스럽게 집을 짓는다는 말에서 나타나는 바와 같이 집을 짓는 데 자연自然을 대입시켰다.

결과적으로 형태적인 면에서 외국 건축에서 발견할 수 있는 건축과 뚜렷한 차이가 있으며, 사용 방법을 이해하는 사고방식과도 해석 자체가 다르다.

활발한 택지 개발 정책에 따라 신개발지역에는 단독 주택 단지가 들어섰다. 주택 관리의 편의성, 주변의 편의 시설, 학군의 인접성, 대중교통의 편의성 등에서는 자연적으로 단독 주택은 아파트보다 주거 선호도가 떨어질 수밖에 없다.

하지만 소득 수준의 향상은 자연적으로 주거 형태의 변화를 불러일으키고 있다. 소득이 증가할수록 중산층은 더욱 고급화되고 개인적인 주거 형태를 선호選好하게 된다. 현재 주택 트렌드 중 가장 중요한 것이 개인의 건강과 사회의 지속적인 성장을 위한 환경의 중요성이라는 점에서 기존의 위치적인 면보다는 오히려 기능적인 측면이 인정받는 시대가 오고 있다.

일반인들에게 잘 알려진 서울 시내의 성북동, 한남동, 평창동, 가회동이 1세대 단독 주택이다.

2세대 단독 주택은 청담동, 논현동, 역삼동, 신사동, 서초동, 방배동 등이다. 특히 2세대의 경우 임대용으로 투자자들이 투자의 재미를 많이 보고 있다. 고층 빌딩보다 투자 비용 부담이 적고, 수요가 꾸준해 안정적인 임대 수익을 얻을 수 있다. 단독 주택을 리모델링해서 사무실, 식당, 카페 등으로 임대한다. 임대 투자자들이 단독 주택을 매입할 경우 가장 먼저 생각하는 것이 입지이다. 임대를 목적으로 매입하는 것이기에 투자 목적에 적당한 최고의 장소를 물색하는 데 심혈을 기울여, 세입자가 꾸준히 몰릴 수 있도록 한다.

3세대 주거용 단독 주택은 강남구 율현동, 세곡동, 자곡동과 서초구 내곡동, 신원동, 염곡동, 성남시 분당구 판교동, 백현동, 삼평동, 운중동 등이다.

특히 판교 신도시板橋新都市 일대에는 자족 기능自足機能과 우수한 입지 조건立地條件이 잘 갖추어져 있다. 판교가 가진 장점은 다른 신도시에 비해 녹지율이 높다. 예를 들면 인근의 분당 신도시는 녹지율이 약 29%이고, 일산 신도시는 23%, 판교가 37%로 상당히 높은 편이다. 도시 라이프 사이클을 보면 판교 신도시는 앞으로 성장 가능성이 아주 높은 곳으로, 미래 수요가 많으므로 관심을 가져야 한다.

특히 인근 분당 신도시의 노후화老朽化에 따른 배후 수요층을 가지고 있다는 점에서 투자자들에게 충분한 투자 가치가 있다. 동판교와 서판교, 남판교가 단독 주택으로 개발되고 있으니, 개발되지 않은 주변을 눈여겨보아야 한다. 경부고속도로, 제2 경인고속도

로, 서울외곽순환도로, 용인서울고속도로, 국가지원지방도 제23
호선과 제57호선, 분당·내곡 도시 고속화 도로, 분당·수서 고속화
도로 등이 설치되어 있고, 전철은 신분당선, 수도권 전철인 경강선
성남-여주선으로 접근성이 다른 신도시보다 매우 우수하다.

● 단독 주택 매입 시 몇 가지 주의사항이 필요

1 단독 주택에 투자 시 법적인 부분을 살펴야 한다. 각 시·군·구청
별로 조례가 다르므로 반드시 확인해야 한다. 예를 들면 주차장
비율, 최소의 전용 면적 등이 지자체마다 다르기에 반드시 확인
해야 한다.

2 단독 주택이 인기가 없었던 이유는 기반시설이 매우 부족해 생
활이 불편하므로 교통·편의 시설 등 기반시설에 대해 잘 살펴야
한다. 기반시설基盤施設이 잘 갖추어진 곳은 매매하기도 쉬우므
로 계획을 세울 때부터 도로·편의 시설 등을 살펴야 한다.

3 일반적으로 땅 모양이 네모난 땅을 선택하지만, 꼭 필요적 사항
은 아니다. 땅의 모양이 좋지 않아도 땅 모양대로 설계해서 유용
하게 건축을 하거나 조형물을 만들면 오히려 정형적인 네모난
땅보다 매매 수익을 더욱 창출할 수 있다.

4 단독 주택 위치는 수도권과 먼 곳은 피하는 것이 좋다. 수도권으
로 출퇴근을 하는 수요자들이 많기 때문이다.

5 도로에 가까운 곳은 매연, 소음으로 문제가 되므로 도로에서 좀
거리가 있어 조용하고, 자연을 느낄 수 있는 곳이 적당하다. 우
리나라는 이미 고령 사회 진입을 하였고, 쾌적한 자연환경을 갖
춘 단독 주택의 수요층은 계속 증가할 것이다.

### 4) 펜트하우스Penthouse

펜트하우스란 건물의 가장 높은 층에 독립되어 존재하는 개별 공간이다.

지금은 건물의 최상층에 있으며, 좋은 경관이 훤히 내다보이는 호화롭고 비싼 주거지를 일컫는 말로 사용된다. 펜트하우스와 구별되는 것 중에 탑 층 아파트가 있다. 탑 층 아파트는 말 그대로 그냥 아파트의 맨 위층일 뿐이다. 탑 층 아파트는 해당 아파트에서 가장 높은 층을 일컬으며 '춥고 덥다'는 인식이 팽배했다. 이제는 건축 공법의 획기적인 발전으로 그런 걱정은 기우杞憂에 불과하다.

미국과 유럽에서 본격적으로 최상층의 고급 주거 공간으로 대형의 주거용 펜트하우스가 지어지면서 펜트하우스는 부富를 알리는 명성과 지위地位를 상징하였다.

이와 함께 조망이 거주용 공간의 중요한 가치로 인정받기 시작하면서 고층 아파트의 최상층도 펜트하우스라고 부르기 시작하였다.

보통 펜트하우스는 최고층에 있으며 아래층의 옥상을 베란다 또는 정원으로 활용한다.

이후 1990년대 초부터 입주한 도시의 아파트 단지들을 중심으로 아파트 층수의 증가와 함께 거주 환경 개선을 위한 내·외부 공간 계획들이 바뀌기 시작하였다. 이는 도시 거주자의 새로운 형태로 떠오른 주상 복합 건축물住商複合建築物들을 중심으로 더욱 고층화되고 단위 세대 평면의 다양화로 이어지고 있다.

1990년대 말부터 본격적으로 시작된 40층 이상의 초고층 공동 주거 건축물의 건립과 계획들은 도시경관의 랜드마크Rand Mark로서만이 아니라 상류 계층의 주거와 커뮤니티 공간의 이미지로서 많은 주목을 받으며 그 수가 증가하고 있다.

건설교통부 추계 자료에 따르면 이미 2002년에 주택 보급률이 100.6%인 시점부터 주거는 더 이상 양적인 공급이 아닌 질적 차원으로 접근해야 한다.

한편 건설사들도 가변可變형 평면과 맞춤형 설계 등을 통하여 수요자와 투자자의 다양한 요구사항을 반영하기 위한 노력을 꾸준히 기울여왔으며, 고급 주거의 새로운 유형들을 모색하는 과정에서 주로 투자 가치 있는 아파트 명품화와 아파트 단지의 상징으로 주목받는 펜트하우스를 갖춘 아파트가 도입되기 시작하면서 그 수도 계속 증가 추세에 있다.

2020년 현재 새로 분양되는 아파트 중 특화된 펜트하우스 세대를 단지의 고급화 전략과 더불어 홍보하는 경우를 종종 볼 수 있고, 특히 영화와 광고 등의 각종 언론 매체를 통하여 소개되는 펜트하우스에 대한 모습들은 일반인들의 펜트하우스에 대한 큰 반향을 불러일으키고 있다. 이는 각종 매체에서 발표되는 높은 거래 가격과 건설업체들의 분양을 위한 차별화 전략의 일환으로서, 고품격 주거 공간으로의 이미지가 맞물리면서 공급되는 물량 또한 증가하는 추세다. 생활 수준의 향상과 더불어 그간의 성장 위주의 경제 정책으로 인한 획일적인 공간의 양산에 대한 자책은 다른 공감대를 추구하며, 도시에서의 편리함과 쾌적함을 충족시키면서 수요자와 투자자의 다양한 개성을 반영할 수 있는 도시 주거 공간을 필요로 한다.

우리나라에 펜트하우스가 도입된 시기를 정확히 알 수 없다.

1990년 무렵 공동 주택의 최상층에서 가질 수 있는 계획의 다양성과 입체적인 공간 구성에 관한 초기의 예로, 수도권 신도시 민간 아파트에서 최상층 복층형 아파트가 도입되었다.

펜트하우스 아파트에 관한 관심을 크게 모으고, 보급이 확대되기 시작한 것은 2002년에 완공한 타워 팰리스 1차 이후이다.

타워 팰리스는 펜트하우스의 개념을 처음으로 도입하였다. 이외에도 2004년에 완공한 강남구 삼성동 현대 I Park 주거용 449세대 중 10세대, 2002년에 완공된 영등포구 여의도동의 트럼프 월드 1차 복합용 258세대 중 12세대 등이 있으며, 대형화와 가격으로 일반 아파트와 차별한 국내 펜트하우스 확산에 기여했다.

사회적으로 보면 일반 아파트와 차별화된 특성으로 우리나라 상위 0.01%의 특권층特權層이 거주하며, 희소성稀少性이 있다. 이미지 관점에서 보면 부富의 상징으로 최고급 주택의 품격이다. 강남이라는 위치적 이점과 최고층으로 탁 트인 조망권을 가지고 있다. 다른 층과 달리 높게 설계되거나 복층으로 만들어 단독 주택과 같은 건축적인 효과를 낸다.

외국의 경우 우리나라보다는 선진화된 나라들로 비교가 되지 않는다. 세계에서 가장 비싼 아파트는 프랑스 남동쪽의 지중해 모나코 공화국의 펜트하우스인데 무려 4억 달러를 호가한다. 다음은 영국의 하이드 파크의 펜트하우스로 약 2억2천만 달러이다.

미국 맨해튼 웨스트 57번가의 원One 57빌딩 펜트하우스가 1,020㎡에 1,000억으로 ㎡당 약 1억에 거래된다. 아시아권에서는 홍콩에 있는 펜트하우스가 약 6천만 달러로 가장 비싸다.

도대체 이해할 수 없는 현상이다. 무슨 아파트 한 채가 수억 달러씩 하냐고 하지만 그것은 오로지 부동산 시장 가격에서 형성된 것이다.

실내 공간과 실외 공간을 보면, 차별화된 공간에 최고급 인테리어, 야외 테라스와 옥상 정원, 저밀도 고층화가 요소다. 프라이버시를 존중해 한 층에 1세대 또는 2세대로 나뉘어 완전한 독립 세대를 이루며, 엘리베이터나 출입구가 독립되어 있다.

도심 속에서 전원생활을 즐길 수 있다. 고가의 주거시설은 입주민만 이용 가능한 각종 커뮤니티 시설 등을 갖추고 철저한 보안 시스템이 작동한다.

정부의 정책적 이슈나 부동산 경기 등에 영향을 받지 않는 자산가資産家들이 주된 수요층이므로 시장의 흐름과 무관하게 지속해서 수요층이 유입될 것이다. 수요의 증가는 투자와 재테크로 이어지고, 투자 가치는 주거 환경의 질적 향상에 따른 미래 지향적인 객관적 가치價値로서 시들지 않는 수요需要와 선호도選好度로 이어질 것이다.

세련되고 감각적인 인테리어, 마감재의 고급화와 고급스러운 분위기 등의 요소가 있어야 하며, 경제성 요인으로는 미래의 가격 상승 기대치와 투자 가치의 요소가 있어야 한다.

이러한 이유로 주거의 만족과 비즈니스를 위하여 가격과 관계없이 투자 수요는 증가하고 투자 금액에 비례해 많은 수익이 생기는 물건이므로 부동산 투자자들은 관심을 가져야 한다.

# 제11장

# 업무 중심형 상가건물

업무용 건물은 다음과 같이 용어 정의를 하고 있다. 사전적 의미로는 '사무실용 건축물'이란 뜻이다. 일반적으로 사무 업무가 행해지고 있는 건물을 의미한다.

업무 활동은 기업 내에서 이루어지고 있는 모든 기능이나 부문별 활동을 정보 전달이라는 방법을 결합함으로써 사무를 합리적으로 수행될 수 있도록 지원하는 수단이 되는 것이다.

이러한 맥락에서 본다면 오피스 또는 업무 시설이란 업무직에 종사하고 있는 종사자들이 작업을 수행하는 작업 장소를 말한다. 저층부인 1층과 2층의 부분이 소매용 점포 기능을 하는 중소형 건물에서 사무용으로 기능을 가지는 공간은 주로 건물의 3층 이상의 상층부를 말한다. 또한, 특정 상권 내特定商圈內에 있는 건물들은 상층부라 하더라도 휴게 음식점, 병원, 학원 등의 2종 근린 생활 시설 용도로 사용되고 있다.

1998년 IMF 시기에 외국 자본 위주로 편성되었던 상업용 부동산은 이후 외국 자본에 의해 매매된 건물들이 국내 자본으로 다시 매입되는 변화가 있었다.

건물이라는 개념은 말 그대로 토지 위에 지어진 건축물로 규모에 따라 대·중·소로 구분되는데 연면적 1만㎡3천 평 이상을 대형, 1만㎡ 이하를 중형, 3천㎡ 이하를 소형 빌딩이라 칭한다. 소형 건물 중에서도 연면적이 1천㎡300평 이하를 보통 소형 건물이라고 말하며 가격대는 30억에서 100억이다. 우리나라 전체 건물 중 약 93%에 이를 정도로 소형 건물 대부분이 이에 속한다. IMF 금융 위기를 겪으면서 대형 건물을 중심으로 국내 건물 투자가 본격화되었으며, 이와 함께 중소형 건물 또한 가격이 상승하면서 꾸준히 거래가 증가하고 있는 등 중소형 건물 시장도 성장해 오고 있다.

중소형 건물은 주거용 건물보다 안정적인 수익과 차후 시세 차익을 얻을 수 있으므로 법인, 개인 투자자들 사이에 상대적으로 수익률이 높은 중소형 건물의 매입이 활발해졌다.

지금의 저성장시대, 이미 달성된 주택 보급률 100% 시대에 투자자들은 언제 아파트 가격이 하락할지에 대한 불안감을 안고 있다.
주거용 건물 매입을 주도하였던 베이비 붐Baby Boom 1955~1963년생 세대의 퇴직과 그러한 상황을 눈앞에 둔 사람들이 노후와 불안한 미래를 대비하기 위해 중소형 건물 투자에 나선 것도 거래량과 가격을 상승시킨 하나의 원인이 되었다.

아파트는 사유 재산私有財産 성격이 강한데 아파트 가격이 계속 상승할 경우 국가 경제에 큰 부담이 되고, 우리나라 부동산 시장의 큰 혼란을 초래하기 때문에 정부가 직접 개입함으로써 이제 아파트는 공공재公共財적 성격을 띠고 있다.

투자자들이 시세 차익을 얻기 어려워지자 안정적인 임대 수익을 얻을 수 있는 수익형 부동산을 찾게 된 것이다. 이제는 주거용 건물의 투자라기보다는 업무 중심형 상가 건물1층은 상가, 2층부터는 사무실의 투자 시대인 것이다. 이러한 건물은 임대 수익의 발생과 향후 처분 시 시세 차익이 크다는 장점이 있다.

대형 건물과 달리 중소형 건물 매매 시장에서 여전히 매수인은 매입 전 건물 실사를 하지 않는 경우가 있다. 건물 상태와 임대차 현황에 대한 기본적인 조사도 하지 않은 상태에서 매도인이나 중개인이 건네준 자료만 믿고 매입을 했다가 실패한 사례를 종종 볼 수 있다. 러시아 속담에 "신뢰는 하되, 검증을 하라."는 말이 있다. 건물 투자에도 자주 인용되는 말인데, 매도인이나 중개인이 제시하는 어떤 자료도 액면 그대로 받아들이지 말고 실사를 통해 반드시 검증하라는 말이다.

● 매입 전 건물 실사의 주요 항목
　① 건물의 물리적 상태를 확인하고 건물의 내·외부 상태와 설비의 유지·보수 상태를 확인해야 한다.
　② 건물의 수입 내역 및 운영 경비로 임대료 등 수입내역서 확인으로 체납금 등을 파악하고 관리비 항목 및 관리 인력 등 운영 경비를 파악해야 한다.

③ 임대차 계약서 내용을 확인하여 계약 기간, 계약 갱신 조건 외 특약 사항特約事項 등을 파악해야 한다.

④ 수익률 검증으로 경쟁 건물의 임대료와 공실률 등을 확인하고, 매입 가격의 적정성 조사매입 가격, 수익률 등도 필수 사항이다. 소형 건물을 매매하는 경우 한 장짜리 계약서가 작성된 후에는 건물 실사를 제대로 할 수가 없다. 이런 계약서에는 건물 실사를 할 수 있는 근거 조항根據條項이 포함돼 있지 않기 때문이다. 따라서 이러한 계약은 반드시 피해야 한다.

고액을 투자하면서 매도인과 중개인이 제공한 자료만 믿고 간단한 육안 점검만으로 건물을 매입할 수는 없다. 매입 전 반드시 실사하고 실사 결과 건물 상태나 설비에 문제가 발견되면 매도자와 가격 협상을 다시 해야 한다.

실물 경기의 불황이 지속되면 건물주가 가장 걱정하는 것은 공실이다. 건물 임대 사업에서 수입의 원천은 임대료와 관리비이다. 이 때문에 공실은 가장 큰 손해일 수밖에 없다.

건물과 같은 수익형 부동산은 매입 후에 어떻게 관리하느냐에 따라 임대 수입이 차이 나고, 건물 가치도 달라지기 때문에 불황기일수록 공실 관리가 더욱 중요하다. 수익형 부동산에 투자한다는 것은 현재의 수익과 보유 기간 동안의 예상 수익률을 매입하는 것이므로 현금흐름 관리를 포함한 부동산 자산 관리의 결과에 따라 건물 투자의 성패가 결정된다.

성공적인 부동산 자산 관리란 불황기에는 투자 시점에 설정한 목표 임대료와 임대율을 최소로 유지하고, 경기 회복기에는 임대 수입은 높이고 운영 비용은 낮추어 순이익을 내면서 건물의 가치를 상승시키는 것을 의미한다.

- 업무 중심형 상가 건물의 위치는 어디가 적당한가에 대한 입지 분석

① 업무용 건물은 임차인들의 출근 및 퇴근이 편리한 지역이 가장 중요하다. 교통 편리성과 입주 회사들의 홍보 효과를 높이는 데 아주 좋다.

② 그 지역을 대표할 수 있는 특이한 건물랜드마크 업무용 건물이 밀집된 곳을 선택하면 위치적으로 안전하다.

③ 이러한 업무 중심형 중소형 건물은 기업 또는 금융권 사옥 건물이 있는 대로변보다는 이면도로裏面道路가 적당하다.

④ 지하철역이 200~300m 이내에 있고 버스 정류장은 100m 이내에 있는 지역이어야 좋다. 이는 건물의 공실空室을 유발하지 않고 안정적인 임대 수익을 위해서 접근성이 좋아야 한다는 것이다. 만약 중소형 건물에서 1층層 또는 1실室의 공실이 생기면 그것은 바로 임대인의 수익이 상실되는 것이다.

⑤ 건물을 매입한다는 것은 땅을 매입하는 것이기에 땅값이 상승하거나 상승할 가능성이 큰 지역을 선택하여야 한다.

⑥ 빨대 효과Straw Effect 또는 빨대 현상에 주의해야 한다. 이런 현상은 어느 중소 도시의 입지 좋은 곳에 건물을 매입하여 임대 수익이 창출되고 있는데, 어느 날 그 주변에 대도시가 형성되면서 중소 도시의 인구나 경제력을 흡수하는 대도시로의 집중 현상이다. 수도권의 중소 도시나 지방 도시에는 인구 유입의 한계로 인해 상권의 이동 상황이 있을 수 있다는 것에 특히

관심을 가져야 할 것이다. 그러므로 상권이 계속 이어질 수 있는 조건들을 갖춘 곳을 신중히 선택하여야 할 것이다.

⑦ 특히 높은 레버리지 효과Leverage Effect, 지렛대 효과: 금융 기관 또는 다른 사람에게서 빌린 돈을 지렛대 삼아 이익을 창출하는 것의 비중은 자기 자본의 수익률을 일시적으로 높일 수는 있으나, 너무 과도한 차입금은 투자의 위험을 가져올 수 있으니 전체 투자 금액 중 30% 이하로 대출받는 것이 안전하다.

⑧ 건물의 투자는 현재를 사는 것뿐만 아니라 미래도 사는 것이다. 그러므로 여러 가지의 복합적인 조건들을 신중히 선택하여 매입하여야 할 것이다.

## 1) 건물을 매입할 때 몇 가지의 확인해야 할 서류

● 각종 공부各種公簿서류를 확인해야 한다.

① 건물 등기부 등본과 토지 등기부 등본 모두 확인을 해야 한다. 토지와 건물의 소유자가 누구인지 또는 소유 현황 등의 각종 권리 사항예: 근저당, 가압류, 가처분, 가등기, 예고 등기, 환매(還買) 등을 확인할 수 있다.

② 건축물대장이다.건축물의 신축, 증축, 용도 변경, 멸실 등 변동 사항을 정리해 놓은 공적 장부이다. 또한, 건축물의 용적율과 건폐율, 준공연도를 확인할 수 있다.

③ 토지 대장이다. 토지의 사용 용도지목(地目), 실제 면적 등을 정확히 알 수 있다. 등기부 등본이나 토지 대장이 서로 일치하지 않는 경우 면적과 지목은 토지 대장의 표기가 우선이고, 권리 사항 등은 등기부 등본의 표기가 우선한다.

④ 지적도地籍圖가 있다. 토지의 실제 모양과 주변 토지와의 경계

등을 확인할 수 있다.

⑤ 토지 이용 계획 확인원이 있다. 토지를 원하는 대로 이용하는
데 있어 규제 사항을 확인할 수 있다.

⑥ 개별 공시지가 확인원이 있다. 향후 보상이나 감정가에 중요
하게 작용한다. 이 외에도 국세 및 지방세 완납 증명서, 환경
개선 부담금, 교통 유발 부담금, 도로 점용료 납부 증명서 등의
관련 서류도 확인해야 할 서류들이다.

⑦ 현장에서 확인해야 할 사항으로 건물의 외관 상태, 전기와 가
스 안전, 방화 관리, 승강기 등에 대해서도 확인해야 한다.

## 2) 건물 매매 계약 시 꼭 확인해야 할 것

① 부가세를 누가 부담할 것인가이다. 토지는 부가세를 부과하지
않으나 건물 중 비주거용에 해당하는 업무용, 오피스텔, 근린
생활 건물, 상가 및 공장 등은 건물 가액에 부가세를 부과한다.
매매 계약 전에 건물분의 부가세 10%를 누가 부담할 것에 관
한 협의를 분명히 해야 분쟁을 예방할 수 있다. 만약에 계약서
에 이런 언급이 없었다면 부가세 포함으로 간주된다는 것이 국
세청의 해석이다.

② 건물분 부가세에 총 매매 금액을 표시하도록 한 후 토지 가액,
건물 가액 부가세 등을 세분해서 표시해야 분쟁의 소지를 예방
할 수 있다.

③ 특약란에 과세 관청으로부터 토지 가액, 건물 가액 부가세의
내역이 변동되어도 총액을 매매 대금으로 한다고 명시해야 한
다.

④ '사업의 포괄양수·도 계약서事業의包括讓受渡契約書'의 방법을 택

하는 방법이 있다. 사업자가 해당 사업에 관한 모든 권리, 의무
를 다른 사업자에게 승계하는 것이다.

⑤ 사업자의 명의만 변경되며 사업의 내용은 변하지 않고 그대로
승계된다. 단, 이 계약은 당사자 모두가 일반 과세자일 경우에
만 가능하다.

⑥ 사업<sub>임대</sub> 자체를 양도하면 재화<sub>財貨</sub>의 공급으로 보지 않기 때문
에 부가세가 부과되지 않는다. 이것의 장점은 양도인은 부가세
액 양도가액을 낮출 수 있어 좋고 양수인은 사업 인수 자금의
부담을 부가세액만큼 절약한다는 장점이 있다.

## 3) 건물 취득 후 유지와 경영 관리
● 유지·관리가 잘되어야 임대 수익과 처분 후 시세 차익을 남
길 수 있다.

① 건물의 유지·관리를 잘해야 한다. 건물은 사용하게 되면 시간
의 경과에 따라 투자한 자본이 감소한다. 즉, 경제 가치가 소실
되거나 감소하는 감가상각이 발생한다. 자연적으로 발생하는
기능적인 문제에 대해 기능과 수명을 보전하기 위한 관리이다.

② 경영 관리가 잘되어야 한다. 경영 관리에서 가장 중요한 것이
수익률이다. 수익률은 경기 변동, 금리 등 여러 가지의 변수가
작용한다. 일반적으로 부동산 시장에서 제시하는 수익률은 명
목 수익률<sub>名目收益率</sub>이지만 실질 수익률<sub>實質收益率</sub>이어야 한다. 예
를 들면 명목 임대 수익률이 5%였는데 공실율과 기타 운영비
를 공제하니 실제는 실질 수익률이 2%인 경우가 있다. "겉으로
남고 뒤로 밑진다."라고 하겠다. 이것을 피하려면 사전에 철저
한 분석을 하여야 할 것이다.

## 4) 매입 시부터 자산 관리 전략이 필요

과거에는 매입 후 자산 관리는 그리 중요하지 않았다. 운영 수익과 상관없이 매각 차익이 발생했기 때문에 운영 수익은 그저 푼돈 정도로 취급되기도 했다.

매각 차익은 덤으로 생각해야 하는 시대이다. 매각 차익이 발생하면 좋겠지만 발생하지 않는다고 해도 그리 나쁠 것은 없다고 받아들여야 한다.

건물의 가치가 건물에서 발생하는 운영 수익에 따라 결정되는 시대이기 때문에 자산 관리 전략이 필요하다.

그 이유는 부동산의 이익은 세 가지 기본적인 방법으로

① 적기에 좋은 가격으로 매입을 하고
② 보유 기간 내에 운영 수익이 극대화되도록 관리를 한 후
③ 좋은 시기에 좋은 가격으로 매각하는 창출 전략이다.

코로나19 사태로 사무실 무용론과 공실이 확산되면서 상업용 부동산 투자에 대한 우려가 제기되고 있으나 소형 건물의 인기는 계속되고 있다. 기준 금리가 최저치로 내려가고 마땅한 투자처를 찾기 어려운 상황인 데다 아파트만큼 세금 부담이 많지도 않고, 세입자 관리도 쉬운 편이다.

은행 금리는 비용과 물가 수준을 제하면 오히려 -0%이므로 수익성이 없다. 그러나 똑똑한 소형 건물의 경우는 4% 이상이며, 매매 후에는 시세 차익도 상당하므로 투자자들은 많은 관심을 가질 필요가 있다.

# 제12장

# 근린 상가형 건물

상업용 부동산의 전통적 의미는 시장市場이다. 시장은 우리말로 '저자'라고 하며, 시장이라는 말은 개항 이후 사용되다 지금은 보편적으로 사용되고 있다.

본격적인 시장은 조선 시대부터였고, 개항開港 이후, 시장은 외국인에게도 개방되었다. 일제강점기 식민지 시장으로 재편되는 과정을 거치고, 종합 소매점의 기능을 거치면서 시장의 최종적 단계인 백화점이 등장한다. 본격적으로 민간시장이 발달한 때는 1945년 해방 이후였다.

피난민을 주축으로 1961년 건립된 평화 시장이 문을 열고, 동대문 시장은 의류 봉제, 섬유 등 의류 산업으로 특화됐다. 1990년 남대문 의류를 중심으로 하는 상인들로 결성된 '아트플라자'라는 현대적인 패션 상가가 탄생하게 되면서 남대문과 동대문으로 나누어진 의류 시장을 동대문 의류 시장으로 단일화시켰다.

일반적으로 상가는 소매용 부동산, 상업시설, 매장, 점포 등을 말하며, 백화점, 쇼핑센터, 시장, 대형 할인점 등 여러 가지 형태로 표현되기도 한다. 〈건축법〉상으로 제1종 근린 생활 시설과 제2종 근린 생활 시설, 판매 시설 등을 포함하며, 〈상가건물 임대차보호법〉 제2조에서는 〈부가가치세법〉, 〈소득세법〉 등에 따른 사업자 등록의 대상이 되는 건물이라고 규정하고 있다.

주거 지역은 주거 및 상업, 업무 등의 기능으로 이용되는 토지 이용의 혼합 현상이 일어나게 된다. 강북 지역의 주거 지역보다는 1970년대 형성된 강남의 신시가지에서 그 현상이 두드러지게 나타났다. 계획 당시인 1970년 중반 이후 주거 용도는 급격히 증가하였으나 1980년 중반 이후부터 주거 용도는 그 증가 추세가 둔화되었고, 상업 기능 및 업무 기능은 1990년대 이후로도 그 증가가 지속되고 있다.

주거 지역 내의 토지 이용에 영향을 미치는 주요 요인
1 경제성과 이윤동기利潤動機
2 제도와 행정 등을 포함한 토지 이용상의 법제적 측면
3 교통 시설의 편익 여부로 정리될 수 있는데, 지역 지구제에 의해 구분되는 주거 지역에서 주거 기능 외에 필요한 상업 시설 및 기타 편익 시설이 요구되고 이를 수용하기 위해 근린 생활 시설이 자생적自生的으로 형성하게 되었으며, 도시의 경제적 논리에 의해 주거지 외곽의 도로변이나 주요 간선 도로변에 상업 시설과 업무 시설 등이 형성되는 것이다.

일부 부동산 전문가들은 '부동산이란 재화財貨의 특성상 수요와 공급의 균형점을 찾아 안정된 경제재經濟財로 정착할 것'이라 예견

한다.

'부富를 축적하는 수단은 부동산이 가장 확실하다는 국민의 공감대가 강력히 형성되어 있고, 토지의 상대적인 가치가 높은 국가에 속함으로써 부동산이 상징하는 가치가 상당히 중요하다'고 하겠다.

한편 정부 당국은 집값 안정을 위해 많은 규제와 억제 정책을 행하지만, 투자자들은 이를 대체할 물건을 찾아 안정적인 임대 수익을 얻는 부동산을 찾는다.

수익형 아파트, 원룸 등 부동산 월 임대료로 안정적인 수익을 얻지만, 그 이상의 수익을 얻는 것에는 한계가 있다.

최근 시장 금리의 하락으로 저금리 기조가 지속되고 있으며, 대내외 경제 상황의 불확실성으로 인해 제조업 및 금융권 등을 중심으로 대규모 구조 조정이 진행됨에 따라 조기 퇴직과 더불어 노후 생활 준비를 위해 안정적 수익을 창출할 수 있는 중소형 근린 상가 투자 수요가 점차 증가하고 있다.

시장 금리의 지속적인 하락으로 보증금의 운영 이익이 하락함으로써 투자자들의 월세 선호 현상도 뚜렷이 나타나고 있다. 개인 투자자가 주를 이루는 중소형 수익형 근린 상가의 보증금보다는 월세 비중이 많은 부동산을 선호하는 경향이 나타나고 있다.

현재 금융 기관의 대출 이자율이 전·월세 전환율보다 낮은 상황이다. 투자자는 보증금 및 금융 부채를 레버리지로 활용하여 보증금을 줄이고 월세로 전환함으로써, 투자 수익을 극대화하여 부동산 가치를 증가시키려고 할 것이다. 중소형 근린 상가는 도심부보다 지역 상권을 기반으로 중심 지역에서 배후까지 위치하여 자산 기능, 근린 기능, 오피스 기능 등의 역할을 수행하고 있다.

관리가 수월하여 안정적인 임대 수입을 주된 목적으로 하는 개인 투자자가 주류를 이루고 있어 주택 및 오피스와 같은 부동산에 비해 월세 선호 현상이 뚜렷하게 나타난다.

이외에도 개별 부동산의 특성에 따라 해당 부동산의 위험 정도, 경제 상황, 투자자의 과거 경험 및 지역적 특수성 등 다양한 대내외적 요인에 영향을 받는다. 금리 상승이 쉽지 않은 상황은 이자 소득을 감소시켜 상대적으로 수익률이 높고, 안정적인 임대 수익을 얻고 싶은 수요계층의 관심이 증가하고 있다.

중소형 근린 상가 투자의 경우, 주택과는 달리 거주목적을 위한 필수적인 투자이기보다 선택적인 투자임을 고려할 때, 투자자는 더 보수적인 자세를 취한다. 따라서 개별성이 강한 중소형 근린 상가 투자자가 선택할 수 있는 보증금, 월세와 같은 대내적 요인과 시장 금리, 전·월세 전환율과 같은 대외적 요인을 동시에 고려하여 투자 수익률을 극대화할 수 있는 최적의 투자 방안을 선택하게 된다.

결국, 투자자는 가능한 손실로부터 더 큰 어려움을 겪게 되어 위험이 없는 대안을 선호選好한다. 모든 투자에는 기대 수익과 위험이 동시에 존재하며, 투자자는 매매 가격 상승 및 여러 위험 요인에 대해 더 높은 수익을 기대할 것이다. 일반적으로 위험과 수익은 비례한다고 하지만, 위험이 커진다고 해서 수익이 반드시 커지는 것은 아니다.

다른 부동산 시장과 같이 중소형 근린 상가 시장에서도 시장 균형 상태라면 동일한 투자 수익률을 얻을 수 있으므로 전세, 보증부 월세, 완전 월세와 같은 임대차 계약 형태나 지역적 특성 요인과 상관없는 선택을 하게 될 것이다.

주거용을 대체할 상품으로 떠오르는 것이 상가 건물商街建物이다. 상가 투자의 가장 큰 목적은 안정적인 임대 소득賃貸所得과 일정 기간에 따른 시세 차익時勢差益이다. 더욱이 지금은 저금리 시대이기 때문에 상가 투자만큼 높은 수익을 창출할 수 있는 부동산 상품도 없다.

상가 투자는 환금성이 낮아 리스크가 발생한다는 것이 일반적인 생각이었으나, 현재는 리스크가 없고 환금성이 높아 투자가 활발해지고 있다.

상가 건물빌딩이 어떻게 구성되어 있느냐에 대해 간략히 이야기하겠다.

1 물리적으로 토지와 건축물로 구성되는데 토지는 상가 건물을 구성하는 요소 중 가장 기초적이며 부동산의 가장 특징적인 부동성浮動性을 갖고 있다. 건축물은 토지와 함께 용도에 맞게 건축이 되는 요소다.

2 임차인과 관리인의 인적 구성 요소人的構成 要素이다. 임차인은 임대인과 임대 계약을 해서 사용 기간 동안 점유와 사용을 하고 관리인은 상가 건물의 임대 관리와 시설 관리를 하는 요소다.

3 임대료와 관리비의 금전적 구성 요소金錢的構成要素이다. 임대료

는 임차인이 임대 계약서상의 면적을 사용하고 매월 약정액을 지급하고, 관리비는 매월 고정적으로 임차인들에 의해 소요되는 비용을 매월 징수하는 비용이다. 여기서 용어의 뜻을 정리해 보자.

사람들은 '상가 건물商街建物'과 '상가商街'를 혼동해 지칭하고 있다.

> **(가)** 상가 건물빌딩은 〈건축법〉에 의해 공간적으로 개발, 건축한 부동산으로 주로 업무 시설 또는 근린 생활 시설이 주로 들어서 사용되는 수익용 부동산이다.
>
> **(나)** 상가는 상가 건물 안에 있는 개개의 점포를 말하며. 상가 건물의 소유 방법은 토지와 건물을 단독 소유하는 방식이고 상가는 토지와 건물 전체를 공동 소유 방식으로 한다.

상가 건물의 종류로는 상가 주택형, 근린 업무용, 업무 중심형 상가건물이 있다.

어떤 건물을 선택해서 투자해야 하는지에 대한 부분은 전문가들도 쉽지는 않다. 이것을 결정한다는 것은 사실상 어려운 것이다. 또한, 투자자가 여유 자본과 지역 선택 등으로 접근해서 실제 투자할 물건이 있어도 망설여지는 것이다.

## 1) 안정적인 수익 부동산의 종류種類

> **(가)** 수익형 주택 부동산은 상가 주택, 다가구 주택, 다세대 주택, 도시형 생활주택 등이다. 상가 주택은 1~2층은 상가 또는 사무실로 구성되어 있고 3층 이상은 주택으로 사용하는 상가 건

물이다. 다가구 주택은 주거용으로 사용하는 층은 3층 이하이고 1개 동의 바닥 면적은 660㎡ 이하이며 19세대 이하가 거주할 수 있는 주택이다. 다세대 주택은 하나의 건물에 여러 세대가 거주할 수 있도록 주거 공간이 별도로 되어있고 1개 동의 건축 면적이 660㎡ 이하에 4층 이하인 주택이다. 도시형 생활 주택이란 서민과 1~2인 가구의 주거 안정을 위하여 지어진 것으로 단지형 연립 주택, 단지형 다세대 주택, 그리고 원룸형의 3종류가 있다.

**(나)** 수익형 오피스 부동산은 오피스텔이 있다. 이는 오피스Office와 호텔Hotel의 합성어로 주 용도는 업무 시설로 업무 공간이 50% 이상이고, 주거 공간이 50% 미만의 건축물을 말한다. 국내에 1985년 서울시 마포구에 지은 성지 빌딩을 분양한 것이 시초이다.

**(다)** 수익형 상가 부동산은 근린 상가, 아파트 단지 내 상가, 전문 테마 상가, 주상 복합 상가, 아파트형 공장 상가 등이 있다. 이 시설들은 시설 업종에 따라 건축법에서 제1종, 제2종 및 일부 판매 시설로 구분한다. 여기서 근린이란 '생활권에 인접, 즉 가까이 있다'는 뜻으로 생활에 필요한 약국, 슈퍼마켓, 병원, 세탁소, 제과점, 학원 등이 입점한 건물을 말하고, 2층에서 5층 규모로 건축되어 있다.

특히 주거 단지의 도보권 내에 위치함으로써 하나의 생활권을 구성하게 되는 중요한 시설이다. 단지 내 상가는 아파트나 오피스텔 내에 주민들의 생활 편의를 위해 건축한 상가이다.

전문 테마 상가는 하나의 테마Theme를 중심으로 집단화시킨 형태의 상가를 말한다. 예를 들면 병원, 의류 매장, 음식점 등이 전문 테마의 특성으로 입점한 상가를 말한다. 주상 복합 상가는 주거 공간과 상업 공간이 함께 구성된 상가이다. 이에는 주상 복합 아파트가 있다.

다음은 아파트형 공장 상가가 있다. 비싼 토지를 효율적으로 이용하기 위해 건축된 아파트형 공장 상가이다.

### 2) 상가 건물의 취득 방법

1 분양 또는 공개 경쟁 입찰을 통한 취득이다. 민간 건설 회사가 공급하는 상가의 형태는 대부분 분양을 통해 공급한다. 그러나 한국토지주택공사LH에서 공급하는 단지 내 상가는 예정가 대비 공개경쟁 입찰 방식으로 공급하고 있다. 이것은 신축 상가를 최초로 공급하는 단계이므로 투자자가 좋은 입지에 있는 상가를 선정할 수 있으나 분양가가 높고 신도시나 택지 개발 지구인 경우 활성화되기까지 최소한 3년 이상 소요된다는 단점도 가지고 있다.

2 매매로 기존 상가를 매입하는 경우이다. 이는 매입하려는 상가를 직접 확인하여 주변의 상권, 입지 여건, 사람들의 동선 등을 충분히 파악할 수 있다는 이점이 있다.

3 경매나 공매로 매입하는 경우이다. 경매나 공매로 매입할 경우 일반 매매보다는 저렴하게 매입할 수 있다.

### 3) 상가 건물의 입지 분석

상가 건물의 투자는 임대 수익과 앞으로의 시세 차익, 즉 미래 가치를 얻을 수 있는 상품이다. 실물 경기가 침체되어도 다른 상품에 비해 덜 영향을 받는다. 하지만 상가 건물의 투자 성공 및 실패를 결정짓는 요소 중에 제일 중요한 것으로 유동 인구流動人口와 상가 건물의 접근성이다. 상가 건물의 중요한 점은 가격이 아니라 임대의 지속성과 빠른 회전율이 투자의 성패다.

[1] 동선動線이다. 동선은 접근성과 가시성可視性이 있는데 접근성은 상가 건물이 동선 안에 있어 쉽게 올 수 있는 것을 말하며, 가시성은 상가 건물이 사람들에게 금방 보일 수 있는 곳에 있는 것을 말한다.

[2] 배후지背後地이다. 상가 건물 인근에는 아파트와 빌라가 혼재되어 많은 세대를 이룬 곳이 배후지로서 적당하다. 아파트 세대가 1000세대 이상은 되어야 공실을 줄일 수 있다.

[3] 아파트 단지 입구, 역세권, 대로변이 좋다.

[4] 상가 건물에 대형 프랜차이즈가 입점하면 더욱 좋은 곳이다.

[5] 횡단보도가 있으면 좋은 곳이다. 횡단보도는 잠시 사람들을 머물게 하며, 한 번이라도 더 눈길이 가기 때문이다.

[6] 주차장이 있으면 더 많은 사람이 이용할 것이다.

4. 마지막으로 건물을 매입할 경우 확인해야 할 서류가 있다.
매입하려는 건물이 원하는 대로 사용할 수 있는지, 부동산의 면적이 정확한지 등을 알아본다.

[1] 건물 등기사항 전부 증명서건물 등기부 등본와 토지 등기사항 전부 증명서토지 등기부 등본가 있다.

[2] 건축물 관리 대장으로 건물의 면적, 층수, 구조 등을 알 수 있다.

③ 토지 대장土地臺帳으로 토지의 사용 용도지목, 실제 면적 등을 확인할 수 있다.

④ 지적도地籍圖이다. 지적도는 토지의 모양, 맞닿은 토지와의 경계 등을 확인할 수 있다.

⑤ 토지 이용 계획 확인원으로 토지를 이용하는 데 제한 사항이 없는지 확인할 수 있다.

⑥ 개별 공시지가 확인서個別公示地價確認書도 확인해야 한다.

동네, 아파트 단지 입구, 역세권 등에 들어선 상가는 대부분 근린 상가이다. 약국, 병원, 학원 등 실생활과 관계있는 업종이 들어선 건물 4~5층 규모이다. 똑똑한 근생 건물 하나면 투자로서 생활하는 데 전혀 불편함이 없다.

# 제13장

# 경 매

경매는 그 역사가 조직화된 인류와 그 궤적을 같이하고 있다. 고대 로마에서는 전쟁에서 승리 후 노예들을 배분하는 방식에서 유래되었다고 한다. 조선 시대 후기인 갑오경장 때 경매를 공백公伯이라 불렀다.

넓은 의미로 경매에 의한 매매는 가장 높은 가격을 제시한 사람에게 매도할 수 있기에 개별적 매매보다 고가이며, 공정한 가격으로 재산을 환가換價하는 데 이용된다.

채권을 강제적으로 이행하도록 하는 강제 수단이 곧 민사상의 강제 이행 제도인데 그 자체의 절차와 방법은 〈민사집행법〉에 규정하고 있다. 이와 같은 의미에서 〈민사집행법〉은 채권을 최종적으로 실현하는 구체적인 방법이다.

금전 채권이 아닌 경우에도 채권의 최종적 실행은 채무자가 소유하고 있는 일반 재산이 되므로, 일반 재산에 대한 강제적인 채권 만족 방법이 경매이다. 이는 부동산의 재산적 가치가 크다는데 기인한 것이다.

채무자가 사법상司法上 개인채권자의 이행 청구에 대한 이행 의무를 실행하지 않을 경우 국가 공권력으로 의무 이행을 강제로 실행하는 구제법救濟法이며 서로에 대한 강제 조정 절차強制調停節次이기도 하다. 또한, 채권자가 다수일 경우 각 채권자의 권리를 충족해야 하는바, 일반 매매로 불가능할 때 법률적法律的으로 강제 조정해주는 제도이다.

지금의 경매 시장은 일부 전문가의 영역에서 누구나 참여 가능한 대중적인 시장으로 바뀌었으며 사설 경매 정보지의 활성화와 사설 학원, 인터넷 정보 검색의 편리성 등과 다양한 경매 서적들이 나오면서 한층 경매에 접근하기가 쉬워졌다.

위에서 언급한 강제 조정으로 할 수밖에 없는 이유는
1️⃣ 부동산을 처분해서 빚을 갚으려 해도 부동산의 불경기로 일반 매매가 이루어지지 않을 경우 채권자의 입장은 언제까지나 기다릴 수가 없어 채권 회수의 수단으로 경매를 신청하는 경우이다.
2️⃣ 채무자의 입장에서 부동산, 즉 집을 처분해서 빚 청산하고 남는 금액이 없을 경우나 채무자가 살 집을 얻을 비용조차 없어서 팔지 못하는 경우가 있다. 이 경우처럼 어쩔 수 없이 떠밀려 물리적으로 경매 시장으로 나오게 되는 경우이다.

경매의 종류에는 강제 경매強制競賣와 임의 경매任意競賣가 있다. 〈민사집행법〉상 강제 집행의 종류를 보면 금전 채권에 기초한 금전 집행과 금전 채권과의 채권에 기초한 비금전 집행으로 분류된다. 이중 금전 집행은 다시 부동산 집행, 선박 집행, 자동차, 건설

기계, 항공기 집행, 동산 집행으로 구분한다. 부동산 집행은 채무자의 토지나 건물에 대한 집행인데 강제 경매와 강제 관리로 나누어진다. 강제 경매는 채무자 소유의 부동산을 압류, 현금화하여 그 매각 대금으로 금전 채권의 만족을 얻는 것을 목적으로 하는 강제 집행 절차이다. 이에 반해 강제 관리는 압류한 부동산을 매각하지 않고 그 부동산을 관리하여 얻은 수익으로 변제에 충당하는 방법으로 강제 집행이라는 점에서 차이가 있다. 또한 토지, 건물의 수익인 차임 등으로 채권자의 금전 채권을 만족시키려는 집행 방법으로 수익 집행이라고도 한다.

임의 경매는 일반적으로 담보권 실행을 위한 경매를 말한다.

채무자가 채무를 이행하지 않을때 근저당권, 전세권 등의 담보권을 가진 채권자가 법원의 판결 없이 담보권을 행사하여 담보 목적물을 매각후 채권을 회수하는 강제 집행 절차이다. 이는 담보 대출을 받고 상환을 못할 경우 주로 은행에서 많이 신청하는 제도이다.

## 1. 부동산 경매의 매각 방식

현행 〈민사집행법〉은 부동산 경매의 매각 방법으로 제103조에서 '호가 경매' '기일 입찰' '기간 입찰'의 3가지 입찰 방법을 인정하고 있다.

### 1) 호가 경매 呼價競賣
호가 경매 기일에 집행관이 자유롭게 참가하는 매수희망자에게 매수 가격 신고를 최고하여, 그 가격을 점차 높은 가격으로 다투어 부르게 하여 최고액을 신청한 자를 최고가 매수 신고인으로 정하는 방법이다.

### 2) 기일 입찰期日入札

집행관이 법원의 입찰 명령에 의하여 실시하는 매각기일에 입찰 장소에서 입찰자에게 봉함封緘한 입찰표에 입찰 가격을 기재하여 제출하게 하여 그 중 최고가의 신고를 한 자를 최고가 매수 신고인으로 정한 다음 매각 결정 기일에 매각을 허가하는 방법이다. 입찰을 한 사람의 참여하에 입찰표를 개봉하고 그날에 입찰받아 그 날 개봉하므로 기일 입찰이라 한다.

호가 경매와 달리 남의 매수 신청 가액을 비밀로 하는 방식이다. 2인 이상이 공동 입찰하고자 할 때 입찰표에 각자의 지분을 분명하게 표시하여야 하며, 대리 입찰도 가능하다.

### 3) 기간 입찰期間入札

기간 입찰은 특정한 매각 기일에 입찰을 실시하는 기일 입찰과 달리 일정한 입찰 기간을 정하여 그 기간 내에 입찰표를 직접 또는 우편으로 집행 법원에 제출하게 하면서 법원이 정한 최저 매각 가격의 1할을 일률적으로 법원의 은행 계좌에 납입한 뒤 그 입금표를 입찰표에 첨부하거나 또는 지급 보증 위탁 계약 체결 증명서를 첨부하게 한다.

입찰 기간 종료 후 일정한 날짜 안에 별도로 정한 개찰 기일에 개찰을 실시하여 최고가 매수 신고인, 차순위 매수 신고인을 정한 다음 매각 결정 기일에 매각을 허가하는 매각 방법이다.

기간 입찰에서 입찰 기간은 1주 이상 1월 이하의 범위 안에서 정하고, 매각 기일개찰 기일은 입찰 기간이 끝난 후 1주일 안의 날로 정하여야 한다. 이 기간입찰제도는 2004년 9월부터 시행하고 있다.

강제 경매가 속해 있는 강제 집행은 국가가 공권력을 행사하여 사법상의 청구권의 강제적 만족을 목적으로 하고 있기 때문에 의무의 이행이 없는 경우에 법원의 판결을 받아 자력 구제하는 것을 금지하고 있다.

자력 구제는 사회 혼란의 불안 요인이 될 수 있으므로 국가 권력이 금지하는 대신에 국가 구제 절차인 강제 집행의 방법을 통해 국가가 나서서 문제를 해결하는 것이다.

법원의 판결 절차가 강제 집행의 토대가 되는 집행권원을 만드는 절차라면 강제 집행 절차는 집행권원의 내용을 실현하여 채권의 만족을 얻는 절차라고 할 수 있다.

부동산 경매를 크게 나누면 위에 이야기한 강제 경매와 담보권의 실행을 위한 경매임의 경매로 나눈다.

## 2. 강제 경매

### ● 강제 경매의 절차

강제 경매는 목적물을 압류하여 이를 매각시켜서 매각 대금을 채권자에 변제하는 절차로 진행한다.

① 부동산 경매 신청서를 작성한 후 제출하고 비용부동산 감정료, 경매 수수료, 송달료 등을 예납한다.

② 법원은 채권자의 신청으로 경매 개시 결정을 하여 매각 부동산을 압류하고 법원 사무관 등은 관할 등기소에 즉시 그 사유를 등기부에 기재하도록 등기기관에게 촉탁하여 경매 개시 결정 사유를 기재하도록 한다.

③ 경매 개시 결정 사유로 만들어진 경매 결정 원본을 기록에 철하고 정본을 채무자에게 송달한다.

④ 배당 요구의 종기를 정하여 이를 공고한다.

⑤ 법원은 집행관에게 부동산 현황에 관한 조사를 명하고 감정평가사에게 매각 부동산을 평가하여 그 평가액으로 최저 매각 가격을 정한다.

⑥ 법원은 매각 및 매각 결정 기일을 지정하여 이를 공고한다.

⑦ 매각 기일에는 집행관이 집행 보조 기관으로서 매각을 진행하여 최고가 매수 신고인이 정하여지면 법원은 매각 결정 기일에 이해 관계인의 의견을 들은 후 매각의 여부를 결정한다.

⑧ 이때 허가할 매수 가격의 신고가 없는 경우에는 법원은 최저 가격을 매각 기일에 낮추고 매각 기일을 다시 정하여 매각한다.

⑨ 매각 허가 여부의 결정에 대하여 이해 관계인은 즉시 항고를 할 수 있다.

⑩ 그다음 매각 허가 결정이 확정되었을 때는 법원은 대금 지급 기한을 정해서 매수인낙찰자에게 대금의 납부를 명한다.

⑪ 매수인의 매각 대금 완납 후 매수인이 취득한 권리의 등기를 촉탁한다.

⑫ 매수인이 매각 대금을 완납한 후 채권자의 경합이 없거나 그

대금으로 각 채권자의 채권 및 비용을 변제하기에 충분하면 각 채권자에게 지급하고 만일 각 채권자의 채권 및 비용을 변제하기에 부족한 경우는 배당 절차를 실시한다.

⑬ 만일에 매수인이 매각 대금을 지정한 기한까지 납부하지 않으면 차순위 매수 신고인에 대한 매각 허가 여부를 결정하고 이때 차순위 매수 신고인이 없으면 재매각한다.

⑭ 매수인은 매각 허가를 결정받은 후 매각 부동산의 관리를 요구할 수 있으며, 대금 완납 이후에는 인도 명령을 신청할 수 있다.

● 준비 서류
① 강제 경매 신청서: 강제 경매 신청서에는 다음 각호의 사항을 적어야 한다.
  - 채권자, 채무자와 법원의 표시
  - 부동산의 표시
  - 경매의 사유가 된 채권과 집행할 수 있는 집행권원
② 집행문을 부여받은 집행권원 정본: 확정판결 정본, 이행 권고 결정문, 지급 명령 결정문, 공정 증서, 화해 조서, 조정 조서 등.
③ 경매 비용 예납 증명서: 배당 시 최우선으로 돌려받음.
④ 확정 증명원: 판결이 확정되었음을 증명하는 문서.
⑤ 송달 증명원: 집행권원이 상대방에게 송달된 것을 증명하는 문서.
⑥ 주민 등록 등본
⑦ 가압류 후 판결을 받아 신청하는 경우: 가압류 신청서, 가압류 결정문 및 가압류 결정 송달 증명원 사본 첨부.

# 3. 임의 경매

● 임의 경매의 절차

· 경매 배당 순위

배당이란 경매 물건의 매각 대금에서 채권자별로 순위에 따라 나누어 주는 것을 말하는데, 법원은 배당 원칙과 배당 순위에 따라 배당을 한다.

· 0순위: 경매 집행 비용

경매를 신청할 때 경매 신청권자가 미리 납부한 경매 집행 비용<sub>감</sub>정 평가료, 신문 공고 비용, 집행관 집행 수수료, 송달료, 각종 인지세 등을 돌려준다.

· 1순위: 제3 취득자의 필요비, 유익비

제3 취득자란 저당권 등이 설정된 후에 저당 목적물에 소유권, 전세권, 임차권, 유치권 등을 취득한 자를 말한다. 저당 목적물을 유지하거나 개량하기 위해 쓴 비용이 제3 취득자의 필요비, 유익비이다.

· 2순위:

① 임차인의 소액 임차 보증금 중 일정액최우선 변제금
② 근로자의 최종 3월분 임금, 최종 3년분 퇴직금퇴직금 전액이 최우선 변제에서 최종 3년분의 퇴직금만 최우선 변제 인정 재해 보상최우선 변제금

· 3순위: 당해세當該稅

당해세란 경매 물건 자체에 대해 부과된 국세예) 상속세, 증여세, 재평

가세, **지방세**재산세, 도시 계획세, 공동 시설세, 종합 토지세와 가산금을 말한다. 중요한 점은 당해세는 담보 물권, 기타 채권보다 설정 순위가 늦더라도 우선 변제된다. 즉, 전세권이나 전입 신고와 확정일자를 갖춘 임차 보증금 채권보다 항상 우선하여 배당된다. 또한 당해세는 압류한 날짜나 세금의 법정 기일과는 관계없으며, 취·등록세는 포함되지 않는다.

### · 4순위: 일반 조세 채권

당해세를 제외한 국세 및 지방세의 법정 기일 이전에 설정된 저당권, 근저당권, 전세권, 담보 가등기. 당해세를 제외한 국세 및 지방세의 법정 기일 이전에 대항력과 확정일자를 갖춘 임차 보증금 반환 채권. 임차권 등기가 되어 있는 임차 보증금 반환 채권. 위의 4순위 상호 간의 배당 순위는 시간 순서에 따라 결정된다.

### · 5순위: 공과금 채권

담보권, 저당권, 전세권, 담보 가등기, 확정일과 임차권, 등기된 임차권보다 공과금의 납부 기한이 빠른 경우, 이 경우에 5순위의 공과금과 6순위의 담보권, 8순위 일반 조세 채권 등이 혼합되어 있으면 5순위 공과금이 6순위 담보권보다 앞서고, 6순위 담보권은 8순위의 일반 조세 채권보다 앞선다.

### · 6순위: 담보권 저당권부 채권, 전세권, 담보 가등기, 확정일자부 임차권 등기된 임차권

이들 상호 간의 순위는 등기일이 우선 변제 효력, 조세 채권은 법정 기일, 공과금은 납부 기한이 된다.

· **7순위: 일반 임금 채권**최우선 임금 채권 제외

① 일반 입금 채권은 조세당해세, 공과금에 우선한다.

② 저당권부 채권에 대하여는 후순위이다.

③ 저당권부 채권에 우선하는 조세, 공과금보다는 후순위이다.


· **8순위: 일반 조세 채권**

법정 기일이 저당권부 채권보다 늦은 경우이다.


· **9순위: 공과금**건강보험, 국민연금, 고용보험, 산재보험

납부 기한이 저당권부 채권보다 늦은 경우이다.

① 조세 채권보다 항상 후순위이다.

② 일반 임금 채권보다 후순위지만, 저당권부보다는 우선하는 공
　과금인 경우 우선한다.

③ 공과금은 일반 채권에 항상 우선한다.

④ 공무원, 교직원 의료 보험과 지역 의료 보험은 1999년 2월 8
　일 이후부터이고, 고용보험은 2005년 1월 1일 이후부터 저당
　권 등의 담보 물권과 우선순위는 납부 기한과 설정일을 비교하
　여 우선순위를 결정한다.

　그 이전에는 저당권이 우선한다. 그러나 공과금 등이 먼저 압류
시에는 같은 순위로 안분 배당하다가 판례의 변경에 따라 최근 들
어선 압류 공과금이 먼저 배당받는다.


· **10순위: 일반 채권**

　일반 가압류 채권, 강제 경매 신청 채권, 과태료, 국유 재산 사용
료, 채무 명의가 있는 채권확정된 판결문, 집행문을 부여받은 공증된 공증 증서 등

– 말소 기준 권리抹消基準權利

저당권, 근저당권, 가압류 담보 가등기, 그리고 경매 개시 결정 등기 등이 말소 기준 권리가 될 수 있으며, 이 중에서 최우선 순위의 것이 말소 기준 권리이다. 경매 시 말소 기준 권리 이하에 있는 것들은 경매로 모두 소멸하고 말소 기준 권리보다 먼저 순위의 것은 낙찰자에 의해 인수된다.

● 준비서류
① 임의 경매 신청서
② 근저당권 설정 계약서
③ 전세권 설정 계약서
④ 채권 소명 자료: 차용증 계좌 이체 내역서 등
⑤ 부동산 등기부 등본
⑥ 경매 비용 예납 증명서
⑦ 주민 등록 등본

● 강제 경매와 임의 경매의 공통점
〈민사집행법〉은 강제 경매에 의한 강제 집행에 대해 규정하고, 임의 경매에 대해서도 많은 부분을 준용하고 있다. 따라서 부동산에 대한 임의 경매도 원칙적으로 목적물 압류에서 매각 후 배당에 이르기까지의 절차인 강제 절차의 개시, 준비 절차, 입찰, 매각, 대금 납부, 배당 요구, 및 배당 실시에 있어서 강제 경매와 동일하다.

● 강제 경매와 임의 경매의 절차상 차이점
① 집행권원의 존재 여부

강제 경매는 채무자 소유의 부동산을 압류, 현금화하여 그 매각 대금을 가지고 채권자의 충족 확보를 목적으로 하는 강제 집행 절차라 할 수 있다.

채권자가 채무자에게 금전을 지급하라는 소송에서 승소하였으나 채무자가 임의로 지급하지 않았을 경우 채권자는 승소 판결문을 집행권원으로 집행문을 발급받은 후 채무자 명의 부동산을 압류하고 경매 절차를 통해 매각시켜 채권을 회수하는 것이다. 여기서 집행권원채무명의이란 사법상 일정급부청구권의 존재의 범위를 표시함과 동시에 강제 집행으로 그 청구권을 실현할 수 있는 집행력을 인정한 공정 증서를 말한다.

<민사소송법>에 규정된 채무 명의는

①  판결문이다. 이에 속하는 것으로 확정 종국 판결, 가집행 선고 있는 종국 판결, 외국 법원의 판결에 대한 집행 판결 등이 있다.

②  판결문 이외의 채무 명의로는 소송상의 화해 조서, 제소 전 화해 조서, 청구의 인낙 조서, 항공으로만 신청할 수 있는 재판, 확정된 지급 명령, 가압류, 가처분 명령 공정 증서, 과태료 재판에 대한 검사의 집행 명령 등이 있다.

② 공신력 효력의 유무

강제 경매와 임의 경매는 앞에서 이야기한 바와 같이 집행권원의 존재를 요구하는지가 가장 중요한 차이인데 이외에도 경매의 공신력을 인정하는지도 중요한 차이점이다. 이 부분을 상세히 살펴보면 강제 경매는 집행권원을 토대로 집행력 있는 정본, 즉 '집행문이 붙은 집행권원'이 존재하는 경우에 한하여 국가의 강제 집행권원의 실행으로 발효된다. 이것을 강제 경매에 공신력 효과가 있다고 한다.

한편 임의 경매의 경우 담보권자의 담보권이 진실하다는 것을 전제로 그 담보권에 내재하는 현금화하는 권능의 실행을 국가 기관이 대행하는 것에 불과하므로 경매 개시 결정 전에 담보권이 존재하지 않거나, 무효인 경우, 또는 피담보채권이 없거나 변제 등으로 소멸되는 경우 등 실체상의 흠이 있었다면 비록 이를 빠뜨렸더라도 경매 절차가 진행되어 매수인이 매각 대금을 지급하고 소유권 이전 등기를 하였어도 낙찰자의 소유권 취득은 무효가 되므로 임의 경매에는 공신력 효과가 없다고 한다.

임의 경매에도 실체상 존재하는 저당권으로 경매 개시 결정이 내려진 이상 그 뒤에도 저당권 설정 계약이 해지되는 등의 사유로 소멸하거나 변제로 피담보채권이 소멸되어도 경매 절차가 취소 또는 정지되지 않고 진행된 결과 매각 허가 결정이 확정되고 매각대금이 모두 지급된 경우에는 매수인이 적법하게 부동산의 소유권을 취득한다.

③ 실체상의 하자와 경매 절차에 대한 영향

강제 경매에서는 집행 채권의 부재, 소멸, 이행기의 유예 등과 같은 실체상의 하자는 청구 이의의 소로써만 주장할 수 있고 경매 개시 결정에 대한 이의 및 항고 사유가 되지 못한다. 그러나 임의 경매에서는 담보권의 부재, 소멸, 피담보채권의 미발생, 소멸, 이행기의 유예 등의 실체상의 하자에 대해서도 경매 개시 결정에 대한 이의를 할 수 있으며 매각 허가 결정에 대해 항고할 수 있다.

따라서 강제 경매와 임의 경매는 모두 금전 채권의 만족을 얻기 위하여 국가가 부동산을 강제로 경매하는 점에서는 동일하지만, 강제 경매는 집행권원에 기하여 채무자의 재산에 대한 일반 책임을 구하나, 임의경매는 담보권에 기하는 본질적인 차이가 있다.

④ 발송 송달의 특례

임의 경매의 경우 일정한 금융 기관이 채무자 또는 소유자에게 경매 실행 예정 사실의 통지를 한 후, 그 확인서를 붙여 경매 신청을 한때에는 경매 개시 결정을 포함한 송달·통지에 관하여 발송 송달의 특례를 인정하나, 강제 경매 절차에서는 이러한 특례를 인정하지 않는다.

## 4. 지분 경매

경매에 나온 물건 중에는 지분 경매 물건이 있다. 지분 경매란 '등기사항 전부증명서구, 등기부 등본'에 소유자가 2인 이상인 부동산 중 1인 또는 다수의 지분이 경매로 나온 것을 말한다. 따라서 지분 경매 물건이 되려면 반드시 등기사항 전부증명서 상에 소유자가 2인 이상이어야 한다.

이를 쉽게 확인하려면 등기사항 전부증명서를 열람, 발급할 때 '요약'란을 체크하면 맨 끝장에 '주요 등기 사항 요약참고용'이 있어서 쉽게 확인을 할 수 있다.

여러 사람의 소유권 이전 등기된 부동산을 공유자의 1인이 사용 또는 처분하기란 쉽지가 않다. 다른 공유자가 입찰기일 전까지 최고 매수 신고 가격과 같은 가격으로 채무자의 지분을 우선 매수하겠다는 신고를 하게 되면 최고가 응찰에도 불구하고 공유자에게 물건을 넘겨주어야 한다.

이렇게 공유자가 우선 매수 신고를 하게 되면 최고가 매수 신고인은 차순위 매수 신고인의 지위를 갖게 된다. 이렇게 지분 경매의 특징으로 다른 공유자의 우선 매수 신청으로 그동안 입찰을 위해 많은 노력과 시간 그리고 비용을 들여 힘겹게 낙찰을 받았어도 우선 매수 청구권의 행사로 일반 입찰자들은 기피하거나 외면하고 있다.

부동산 진정 고소득자들은 이러한 물건에 관해 집중적인 연구와 노력을 한다. 사실 모든 공유자가 공유자 우선 매수 청구권을 행사하는 것은 아니다. 예를 들면 공유자가 매수 자금의 여력이 없거나, 이러한 제도가 있는 것조차 모르는 경우도 있기 때문이다.

최고가 매수 신고 청구권이 있음을 알더라도 공유자들 간 도의적인 생각 때문에 쉽게 입찰 참가 결정을 내릴 수 없을 수도 있다. 그리하여 투자 가치만 있다면 부동산 진정 고소득자들처럼 적극적으로 입찰에 임해야 한다. 그러기 위해서는 고도의 투자 전략이 필요하다.

일반 매매와는 달리 부동산 경매는 오직 사려는 사람에 의해 가격이 결정된다. 그러므로 정상 가격보다 훨씬 싼 가격에 매수할 수 있으므로 매수자에게는 매우 매력적인 투자가 되고, 이것이 경매의 매력이다.

# 제14장

# 공 매

공매公賣란 광의로는 법률의 규정에 의해 공적 기관에 의하여 강제적으로 행하여지는 매매로서 사인 간私人間 행하여지는 임의 매매와 다르다.

협의로는 조세 체납 처분의 최종 단계로서의 공매인 재산 현금 처분을 말한다. 국가 기관이 강제 권한을 가지고 행하는 매매이다.

부동산 공매란 국세 등 체납자의 재산에 대하여 집행권원에 의하지 아니하고 집행 기관인 세무서장, 지방 자치 단체, 공공 기관 등이 압류, 환가, 배분의 3단계 절차를 거쳐 체납된 조세 채권을 실현하는 공법상의 행정 처분을 말한다. 경매와 공매는 진행 방법, 절차, 인도引渡의 과정이 다르다.

공매는 기관 재산별로 공공 기관 및 지방 자치 단체 등의 보유 자산 공매불용품, 압수물, 유실물, 관사 등, 지방으로 이전할 기관의 건물 등으로 나눌 수 있다.

공매는 2002년부터 한국자산관리공사를 통해서 진행되며 인터넷 입찰로 진행된다. 별도의 공매 포털 시스템 온비드Online Bidding: OnBid를 통해 전자 입찰 방식에 의해 국유 재산, 압류 재산, 수탁 재산, 국가나 지방 자치 단체, 공공 기관 등의 재산 등을 공개 경쟁 입찰 방식을 통해 진행하고 있다.

이 외에도 국세청, 한국주택토지공사, 국내의 은행들, 철도청, 서울특별시, 한국수자원공사 이외 여러 기관에서 신문 공고를 통해 자체적으로 실시하기도 한다.


# 1. 한국자산관리공사에서 실시하는 공매

### 1) 수탁 부동산受託不動産(비업무용 부동산)

수탁 부동산이란 개인, 기업, 금융 기관이 소유하고 있는 부동산을 한국자산관리공사가 기관으로부터 위임받아 이들 기관의 대리인으로 일반인에게 공개적으로 매각하는 것이다.

이는 금융 기관 소유 비업무용 부동산으로 금융 기관이 채권 정리를 위하여 법원 경매 과정에서 담보물을 낙찰받아 취득한 후 1년 이내에 매매 계약이 체결되지 아니한 비업무용 부동산이다.

본인의 의지와는 관계없이 〈국세징수법〉에 의해 강제적으로 처분되는 압류 재산과는 달리 수탁 자산을 매도자와 매수자 당사자의 거래처럼 한국자산관리공사를 통해 일반 매매 형식을 취하고 있다.

이러한 수탁 부동산은 2가지로 나누어 볼 수 있는데,

　1 금융 기관 및 기업이 소유하고 있는 비업무용 부동산을 매각하
　　는 것
　2 개인 소유의 양도소득세 관련 부동산을 매각하는 경우

수탁 부동산은 기업이든 개인이든 소유자가 직접 자산관리공사에 매각 의뢰한 것으로 입찰자는 해당 물건에 관해 사전에 현장 확인이 가능하다. 권리관계도 깨끗해서 공매에 대해 특별한 지식이 없어도 입찰에 참여할 수 있다.

### 2) 압류 부동산押留不動産

압류 부동산 공매는 〈국세징수법〉, 〈지방세법〉 등에 근거하여 행하여지는 공매로서 세금을 내지 못한 체납자의 재산을 압류한 후 체납된 세금을 받기 위해 국가 기관에 대행을 의뢰하는 공매이다.

압류 부동산 공매와 법원 경매는 거의 유사하나 감가 방식, 감가율의 차이와 대금 납부 기한이 가장 큰 차이점이다. 때로는 좁은 의미의 공매로 〈국세징수법〉에 의한 압류 부동산 공매를 말하기도 하는데 이를 지방 자치 단체에서 직접 하기도 한다.

### 3) 유입 부동산流入不動産

부실 채권 정리 기금으로 금융 기관으로부터 인수한 부실 채권 정리 과정에서 법원 경매를 통하여 한국자산관리공사 명의로 취득한 자산이나 부실 징후 기업 및 기업 및 구조 개선 기업을 지원하기 위하여 기업체로부터 취득한 자산을 대상으로 행하여지는 공매이

다. 한국자산관리공사로 소유권이 이전된 부동산이므로 원칙적으로 한국자산관리공사가 대금 납부 결정을 하며 명도 책임도 진다.

### 4) 국유 부동산國有不動産

국가가 한국자산관리공사에 관리 처분을 위탁한 부동산을 대상으로 하며 공개 경쟁 입찰과 수의 계약 2가지 방식으로 매각한다.

### 5) 양도 소득세 관련 부동산讓渡所得稅關聯不動産

수탁 부동산 공매의 일종으로 양도 소득세 관련 공매를 한국자산관리공사에서 진행한다. 양도 소득세 비과세 또는 중과세 대상 주택이나 토지에 해당되지만, 법정 기간 이내에 양도하지 못하여 혜택이 박탈될 상황에 놓여 있는 부동산을 소유자를 대신하여 매각해 준다.

### 6) 신탁 부동산

신탁 공매는 부동산을 담보로 대출받은 채무자와 은행 사이에서 신탁 회사가 채무자의 부동산을 위탁 관리하게 되는데 채무자가 이자를 갚지 않아 신탁 회사는 부동산을 신탁 공매로 처분하는 것을 말한다.

다시 말해서 등기부 등본상에 나와 있는 모든 권리가 소멸하지만, 신탁 공매는 말소 기준 권리가 없고, 일반 매매와 비슷하기 때문에 물건의 등기부 등본상에 있는 모든 권리를 낙찰자가 인수하게 된다. 또한, 진행 중인 소송까지 인수하는 경우도 있으니 주의해야 한다.

그리고 신탁 공매는 등기부 등본과 같이 법원 등기소에서 발급하는 권리 분석에 필요한 '신탁 원부'라는 서류가 있는데, 이는 신탁 회사와 대출 거래 은행 그리고 소유자의 정보가 그대로 담겨 있다. 신탁 원부는 권리 관계를 분석하고, 명도에 필요한 정보를 얻는데 매우 중요한 서류로 입찰 전부터 반드시 확인해야 한다

● 신탁 공매의 좋은 점

① 일반 공매는 유찰되면 일주일에 10%씩 감정가에서 저감되지만, 신탁 공매는 유찰 시 10~50%까지 가격이 낮아지는 경우도 있으므로 입찰자에게 좋은 기회가 된다.

② 낙찰 후 공매에서의 매각 허가 결정을 대신하여 계약서를 쓰고, 납부는 보통 30일에서 60일 정도의 기간 내에 잔금 납부를 하면 된다.

③ 무엇보다도 신탁 공매 물건의 좋은 점은 경쟁자가 적어서 더 높은 수익을 올릴 수 있다.

● 공매 입찰 절차

① 온비드Online Bidding: OnBid, www.onbid.co.kr **회원가입**

· 온비드 내 '회원가입'을 통해 회원가입을 한다.

· 개인 회원, 이용 기관 회원, 법인 회원, 협력 업체 회원 등으로 가입할 수 있다. 이용 기관 회원도 인터넷 입찰 참여가 가능하며 이 경우 개인 명의가 아니라 기관명의 입찰해야 한다.

② 공인 인증서 등록

· 공인 인증서가 있는 경우는 이미 발급받은 또는 보유한 공인 인증서는 '나의 온비드'에서 등록한다.

· 공인 인증서가 없는 경우는 공인 인증 기관 또는 대행 기관을 통하여 전자 거래 범용 공인 인증서를 발급받아야 한다. 공인 인증서는 온라인상 인감과 같으며, 공인 인증서가 없으면 인터넷 입찰에 참여할 수가 없다. 개인 회원은 전자 거래 범용 개인 공인 인증서를, 개인 사업자, 협력 업체, 법인, 공공 기관 이용 법인 회원은 전자 거래 범용 기업법인 공인 인증서를 사용하면 된다.

③ 입찰 대상 물건 확인
· 입찰 공고, 물건 정보, 상세 검색. 기능을 통해 인터넷 입찰이 가능한 물건을 검색한다.
· 공고와 물건 정보를 '관심 정보'로 등록해두면 '나의 온비드' 코너를 통해 해당 물건에 대한 입찰 진행 정보를 파악할 수 있다. 통상 인터넷 입찰은 일정 기간 동안 입찰할 수 있는 기간 입찰로 진행한다.

④ 인터넷 입찰서 작성
· 인터넷 입찰이 시작된 물건의 물건 정보 화면 하단의 입찰 정보 목록에서 '입찰 참가' 버튼을 누르면 '인터넷 입찰서 작성' 화면으로 이동한다. 전자 보증서를 입찰 보증금으로 납부할 수 있는 물건의 경우 '전자 보증서* 발급 신청' 화면으로 이동한다. 전자 보증서를 이용할 경우 각각의 화면에서 안내하는 내용을 참조하여 절차를 진행하면 된다.

*전자 보증서란 입찰 보증금을 현금에 대신하여 납부하는 보증 보험 증권이다.

· 보증금 납부 계좌는 시중 은행 중 선택하여 발급받을 수 있다.

· 입찰에 참여할 물건의 정보 및 입찰 정보를 확인할 수 있다.

· 작성하는 전자 입찰서에는 원하는 입찰 금액과 유찰 시 보증금을 환급받을 계좌 번호를 입력하면 된다.

· 입찰 참가 준수 규칙 확인 작성된 입찰 내용을 확인하고 '인터넷 입찰 참가자 준수 규칙'을 확인한 후 동의를 선택한다.

⑤ 입찰서 제출 완료

· '입찰서 제출' 버튼을 누르면 제출이 완료된다.

· '입찰서 제출'이라는 안내 화면이 나온다.

· 입찰 보증금 납부 계좌 등 관련 정보를 확인한다.

　공동 입찰, 대리 입찰 및 미성년자 입찰의 경우에는 정해진 기한까지 관련 서류를 입찰 집행 기관 담당자 앞으로 제출하여야 유효한 입찰로 처리된다.

⑥ 보증금 납부

· 해당 입찰 건의 인터넷 입찰 마감 시한까지 보증금을 납부하면 입찰이 완료된다.

· 보증금은 분할 납부가 불가능하며 한 번에 입금해야 한다.

· 보증금을 현금으로 납부하는 경우 인터넷 뱅킹, 폰뱅킹, ATM, 은행 창구 입금 등 일반적인 은행 거래 방식을 모두 사용할 수 있으나 금융 기관별 서비스 이용 가능 시간과 거래 방법별 이체 한도 등의 제한이 있으므로 주의해야 한다. 보증금 입금 상태는 '나의 온비드' 코너의 '입찰 내역'에서 확인할 수 있다.

⑦ 낙찰자 선정 및 결과 확인

· 해당 입찰 건의 집행 기관이 공지된 날에 낙찰자를 선정한다.

· 입찰 결과는 '나의 온비드' 코너의 '입찰 내역'에서 확인할 수 있다. 또한, 서비스를 신청한 회원에게는 입찰 결과를 이메일 이나 휴대폰 문자 메시지로 보내준다. 이하는 공매 낙찰 후의 절차이다.

⑧ 매각 결정 통지서 수령

낙찰자 본인이 신분증과 도장을 지참한 후 해당 지점을 직접 방문하여 담당자로부터 매각 결정 통지서를 수령한다. 매각 결정 통지 전에 체납자, 제3자가 압류의 원인인 체납 세금을 납부하는 등 압류 해제 사유의 발생으로 위임 기관에서 공매 중지를 요청하는 경우 또는 그러한 사실이 추후에 확인될 경우는 매각 결정이 취소된다.

⑨ 잔대금 납부

매각 결정 통지에 표시된 납부 기한까지 잔대금 납부 계좌로 입금해야 한다. 매각 대금이 1천만 원 미만은 매각 결정 통지서를 수령한 후 7일 이내에 입금해야 하고, 1천만 원 이상은 60일 이내에 잔대금을 납부해야 한다.

⑩ 소유권 이전 등기 촉탁

소유권 이전에 필요한 서류를 구비하여 물건의 해당 부 점에 직접 제출하여 소유권 이전 등기 촉탁을 의뢰한다.

⑪ 한국자산관리공사는 등기소로부터 등기 권리증을 접수해서
매수자에게 교부한다.

● 공매 배분 순위

공매 배분 순위표로 보면 1순위는 공매 체납처분 비용이다. 2순
위는 최우선 변제소액 임차인, 그리고 임금 채권근로복지공단 압류 3순위
는 당해세국세 중 상속세, 증여세, 재평가세, 지방세 중 재산세, 자동차세, 도시 계획세,
종합 토지세 등*인데 중요한 것은 법정 기일과 관계없이 무조건 3순위
이다.

*당해세當該稅란 매각 부동산에 부과된 조세와 가산금을 말하는데 이는 해당
부동산을 소유함으로써 부과되는 국세, 지방세, 및 가산 금액이다.

4순위는 우선 변제전세권, 저당권, 담보 가등기 등 담보 물권과 대항력,
확정일자 있는 임차인, 당해세이외의 조세 간의 그 시간의 선 6순
위는 담보 물권보다 늦은 조세 채권 7순위는 의료 보험, 산업재해
보상보험료, 국민 연금보험료 8순위는 일반 채권이다.

● 공매의 장점
① 공매 기관에서 각종 문제점을 처리하여 인도해 주므로 편리하
다. 다만 압류 재산은 매수인이 직접 권리분석을 하여야 낭패
가 없다.
② 부동산의 명도는 KAMCO에서 처리해 주지만 압류 재산은 매
수인에게 명도 책임이 있다.
③ 할부로 매수가 가능하다. 최장 10년까지 할부 가능하며, 계약
이행 중 선납하면 이자를 감면해준다.
④ 매수 대금을 완납하기 전이라도 사용할 수 있다. 그리고 매수

대금의 1/3 이상을 선납하면 소유권 이전 전이라도 점유 사용이 가능하다.

⑤ 할부로 매수한 매수인이 대금을 계속 납부할 수 없는 경우에 중도에 제3자에게 명의 변경이 가능하다.

⑥ 매수 대금 전액을 납부하지 않아도 소유권 이전이 가능하다. 매수 대금의 1/2 이상을 납부하고 근저당권을 설정하는 조건으로 소유권 이전을 요청하거나 매수 대금에 상응하는 은행 지급 보증서 등 납부 대책을 제출하면 소유권 이전이 가능하다.

⑦ 공매는 경매와 같이 현장 입찰 절차가 아닌 인터넷 공매 입찰로 진행된다. 시간이 부족한 현대인은 직장 업무에 방해가 되지 않는 시간, 즉 월요일 오전 10시에서 수요일 오후 5시까지 24시간 입찰 참여가 가능하다. 바쁜 현대인에게는 경매보다 공매 절차를 추천한다. 입찰 참여의 기회를 더 많이 얻을 수 있고, 수입 측면에서도 부수적인 소득을 직장 생활에 지장이 없이 추가로 가져올 수 있기 때문이다.

⑧ 이 밖에도 매각 물건이 유찰된 경우 경매는 1개월마다 진행되나, 공매는 대부분 1주일마다 진행되어 신속하게 매수 희망하는 물건을 취득할 수 있을 뿐만 아니라 매각 대금 납부 기한도 경매는 1개월여에 불과한 것에 반해서, 압류 공매는 60일에서 70일1천만 원 이상인 경우 매각 결정일로부터 60일의 대금 납부 기한과 추가로 10일의 납부 최고 기한이 지연 이자 없이 주어진다의 기간 동안 지연 이자 없이 납부가 가능하다는 장점이 있다.

● 공매의 단점
① 부동산 공매에는 부동산 경매에 있는 인도 명령 제도가 없기

때문에 매수인이 권원 없는 점유자 등에 대한 명도 소송으로
판결을 집행하여 부동산을 점용하여야 한다,

② 동일한 부동산에 대하여 공매 절차의 매수인이 낙찰받은 후에
도 경매 절차에서 매수인이 먼저 매수 대금을 납부하면 소유권
을 잃게 되므로 노력, 시간, 비용 등에서 낭패를 볼 우려가 있
다

③ 공매 물건이라 하더라도 경매 물건보다 비싸게 매수할 수도
있다. 항상 수익이 발생하는 것이 아니기 때문에, 경우에 따라
서는 불량 물건으로 큰 손해가 발생할 수 있으므로 주의를 필
요로 한다.

④ 공매 재산 중 유입 자산, 수탁 자산, 국유 자산은 입지 분석만
잘하면 되지만, 압류 재산은 권리 분석, 명도 전략, 소유권 이
전 등기 촉탁, 등을 매수인이 하여야 하므로 주의를 요한다.

● 공매의 중지와 매각 결정이 취소되는 경우

공매가 한창 진행 중에 중지 또는 취소가 되거나 될 수 있다면
투자자의 입장에서는 무척 당황할 수밖에 없을 것이다. 그러니 입
찰 전에 충분한 권리 분석과 겉으로 드러나지 않고 있는 경우의 변
수에 대해서도 대비를 해야 할 것이다.

그러나 다음의 사례가 있으면 오히려 낙찰자가 매각 결정의 취
소를 구할 수 있다.

① 낙찰 후에 압류 재산이 훼손화재, 파손, 누수되었거나, 권리관계
변동이 발생된 때예) 유치권의 신고가 낙찰 후에 접수된 경우

② 낙찰 후에 체납자가 이에 불복하거나 다른 채권자에 의해 처

분 제한 행위가 발생되는 경우.

③ 기타 다른 법률 규정에 의해 체납 처분이 정지된 경우, 이때
낙찰자는 매각 대금 완납 전에 취소를 구할 수 있고, 낙찰자는
보증금을 반환받을 수 있다.

이러한 어려움에 도전해 보면 그 도전에 대한 결과는 대단히 성
공적이다. 남들이 관심을 갖지 않는 분야를 파고들어서 고민하고,
노력한다면 성공한 투자자가 될 것이다.

● 공매 물건 중 투자자들이 관심을 가져야 할 것

① 공매는 경매보다 경쟁률이 낮지만, 건수가 경매만큼 많지가
않아서 원하는 물건을 쉽게 찾을 수 없다. 그러나 지역을 넓게
보면 원하는 물건을 찾을 수 있다. 공매는 경매보다 입찰 경쟁
이 적어서 낮은 가격으로 물건 취득이 가능하고 이로 인해 높
은 수익을 얻을 수 있다.

② 공매는 지방세, 국세를 내지 않아서 나오는 물건이 많다. 여기
서 중요한 점은 공매 매물의 대부분이 사업가나 개발업자들이
개발을 위해 사둔 땅의 세금을 내지 못해서 어쩔 수 없이 나온
것이며, 투자 가치가 매우 높다는 것이다.

③ 공매는 개발이 가능한 물건들이 많다. 국가가 개발하는 토지
로 국가가 건설하는 도로, 수용될 토지, 예를 들면 지구 단위
계획, 개발 진흥 구역, 국가 산업 단지에 편입 예정 부지 등 일
반 경매에서 보기 힘든 물건들이 많다.

# 제15장

# 농 지

〈농지법〉에서 농지란 전, 답, 과수원으로 법적 지목을 불문하고, 실제로 농작물 경작지 또는 다년생 재배지로 이용되는 토지와 농지의 개량시설과 농지에 설치하는 농·축산물 생산시설로써 대통령령으로 정하는 시설의 부지를 말한다. 다만, 〈초지법〉에 따라 조성된 초지 등 대통령령으로 정하는 토지는 제외한다.

경제 발전에 따른 토지의 수용은 늘어났지만, 공급이 한정되어 농지나 삼림을 공업 용지나 도시 용지로 전용할 수밖에 없었다. 이런 토지 문제를 해결하기 위하여 1980년대부터, 농지전용 규제가 완화되기 시작하여 토지 정책이 보존 중심에서 개발, 이용 중심으로 바뀌면서 농지 보존 정책은 큰 변화를 가져왔다.

사회가 안정화되면서 개발붐이 불기 시작하자 기름진 문전옥답은 미래의 식량 보호를 위한 역할로 보전절대 농지하게 되었고 이른바 거칠고 못생긴 땅은 개발되면서 지가가 급등하기 시작하였다.

농지에 대해 간략하게 말하면 농지는 농사를 지을 수 있는 땅으로 지적법에 의한 지목이 전·답·과수원 토지를 말한다. 그러나 목장 용지는 아니다.

유의할 것은 지적법상 지목이 전·답·과수원이 아니어도 실제 현황이 농작물 경작이나 다년생 식물 재배지로 3년 이상 사용되고 있는 토지는 농지로 본다는 점이다. 왜냐하면 실무에서는 지목상 임야인데 현황은 농지로 이용 중인 경우가 있기 때문이다.

오랜 세월 지속적으로 유지되어 온 농지에 대한 강력한 규제 또한 시대의 흐름에 조금씩 바뀐다.

● 농지도 가격 상승이 이어지며 찾아온 변화
　1 경자유전의 원칙이 사라졌다.
　2 농지 절대 보전 원칙이 사라졌다.
　3 직접 경작 의무도 면제되었다.
　4 국제 경쟁력을 위해 효율적이고 경쟁력 있는 전문 농업인을 육성하기 위해 농지 소유 제한을 완화하였다.

그동안 농지는 관련법을 통해 많이 전용되었는데, 2016년 경지 면적 조사에 따르면 농지 면적은 국토 면적의 약 16%인 16,790㎢약 5,037백 만 평를 차지하고 있으며, 이 중 최근 10년간 1654㎢약 5억 평가 개발되었다.

● 농지를 서류상으로 확인해야 할 것
　① 토지 이용 계획 확인서로 토지를 자신이 원하는 목적대로 이

용할 수 있는지 확인한다.

② 등기사항 전부 증명서에 압류 경매 기입 등기, 근저당권 또는 토지의 소유자 등을 확인한다.

③ 토지 대장으로 지목, 지번, 그리고 면적 등을 확인한다.

④ 건축물대장이 있는지 확인한다. 만일 건축물대장이 있다면 건축물의 사용 연도, 연면적, 층수, 각층의 바닥 면적 또는 위법 건축물 등의 여부를 확인한다.

⑤ 지적도로 해당 토지의 모양, 경계 또는 도로와의 접합 여부를 확인한다. 일반적으로 지적도상 도로와 접하지 않는다면 건축 허가를 낼 수 없으므로 반드시 확인해야 한다. 매입하려는 토지는 폭이 4m 이상인 도로에 최소한 2m 이상 접해야 건축이 가능하다.

⑥ 실제 도로로 사용하는 관습상 현황 도로조차 지적도상에 도로가 없으면 건축 허가 때 도로로 인정하지 않으니 주의해야 한다.

⑦ 농지 거래 시 농지 소유자가 나이가 많거나, 소유자가 원거리에 거주하여 부득이 대리인이 계약일에 참여할 경우 정당한 권한이 있는지 사전에 반드시 확인을 해야 한다. 기본적으로 확인해야 할 것은 농지 매각에 대한 위임장, 그 위임장에 소유자 인감도장의 날인 여부, 그리고 소유자의 인감 증명서 등을 확인해야 한다.

⑧ 농지가 보전 가치가 있을 때 전용 허가가 제한된다.

⑨ 농지가 종중의 소유일 경우 해당 종중 총회에서 정한 규약이 있으면 그 규약대로 하고, 규약이 없으면 종중 총회의 종중원이 모두 모인 회의에서 농지 매각에 대한 결의를 받아야 한다.

⑩ 농업 진흥 구역 또는 농업 보호 구역은 농·어민의 주택 등을 위한 것으로 되어있으므로 이런 곳은 피해야 한다.

⑪ 소유주가 양도세 감면 대상, 즉 8년 이상의 자경농이 되는지를 판단하는 농지 원부도 확인한다.

● 현장에서 확인해야 할 것

① 현장에서도 토지가 도로에 접한 지 확인해야 한다.

② 지적도나 토지 이용 계획 확인원으로 땅의 모양을 직접 확인해야 한다.

③ 토지의 경사도를 확인해야 한다. 이는 건축물을 건축하고자 하는 경우 경사도에 따라 건축 허가를 받을 수 있으므로 관할 시·군·구청을 방문하여 건축이 가능한지를 확인해야 한다.

④ 토지의 경계도 확인해야 한다. 만일 오랫동안 방치되어 있다면 이웃의 토지와의 경계가 모호한 경우가 있기 때문이다.

⑤ 토지의 방향이 어느 쪽인지도 중요하다.

⑥ 주변에 혐오 시설 등이 있는지도 확인의 대상이다. 예를 들면 장례식장, 쓰레기 매립장, 공동묘지, 화장장 등이 있으면 개발에 제한이 있거나, 개발 후 매각이 안 되는 경우가 있으니 세심한 주의가 필요하다.

⑦ 분묘기지권 여부도 꼭 확인해야 할 사항이다. 분묘가 반드시 산지에만 있는 것이 아니고, 농지에도 있으므로 주의해야 한다. 분묘기지권이 있는 것과 없는 것의 값의 차이는 대단하다.

⑧ 농지도 산지의 예와 같이 매입의 조건은 접근성과 생활 편의성이 있어야 한다. 농지 인근에 전철역, 고속 도로 인터체인지 및 일반 도로가 있어야 하고 대형 할인점과 종합 병원도 있어

야 한다.

⑨ 인근에 전기, 수도, 및 도시가스가 있는지도 확인해야 할 사항
이다.

⑩ 지하수를 개발할 정도로 수량이 풍부한지도 확인해야 할 사항
이다.

⑪ 산지의 개발과 같이 주변에 고압선, 그리고 수변구역이 있는
지도 꼭 확인해야 한다.

⑫ 만약에 누군가 허락 없이 농작물을 심은 것이 수확기에 이른
경우 무단 경작자에게 귀속된다.

⑬ 현장 답사 후 해당 시·군·구청을 방문하여 계획대로 토지 개발
을 할 수 있는지도 알아보아야 한다.

⑭ 인근의 건축 설계 사무소, 토지 측량 설계 사무소 공인 중개
사무소는 산지 개발의 경우와 같이 2~3곳을 방문하여 도움을
받는 것도 매우 중요하다.

● 농지전용 허가 절차

① 농지전용 허가 신청서를 작성하여 각종 허가 구비 서류와 함
께 준비하여 시·군·구청의 민원실에 제출한다.

· 사업 계획서: 사업 계획의 내용에는 전용 목적, 사업 시행자,
사업 시행 기관, 시설물의 배치도, 소요자금 조달 방법 시설물
관리 운영 계획 및 이에 따른 사업장 규모 등을 기재한다.

· 토지 등기부 등본: 전용하려는 농지의 소유권인지 확인하기
위해서이다. 사용 승낙서는 사용 승낙의 뜻이 기재된 매매 계
약서 등 사용권을 가지고 있음을 입증하는 서류이다.

· 전용 구역으로 표시된 지적도

· 피해 방지 계획서: 해당 농지의 전용으로 인하여 농지 개량 시설, 도로의 폐지 및 변경, 토사의 유출, 폐수의 배출, 악취의 발생 등으로 인근 농지의 농사 그리고 농어촌 생활환경의 유지에 피해가 예상될 때의 대체 시설의 설치에 대한 것이다.

· 변경 내용을 증명할 수 있는 서류를 포함한 변경사유서

② 농지 관리 위원회의 농지전용 허가 심사 기준이다. 이는 이미 제출한 사업 계획서에 대해 심사를 하는데 심사기준으로

· 농업 진흥 지역에서의 행위 제한 및 농지전용 허가 제한 규정에 위배되는지의 여부에 대한 심사이다. 여기서 농업 진흥 지역에서의 행위 제한은 농업 진흥지역의 농지인 경우에 해당한다.

· 전용하려는 농지가 전용 목적 사업에 적합한가이다. 이에는 규모, 용도, 지역 여건 등의 적정성의 여부이다.

· 전용하려는 농지의 목적이 전용 면적 사업의 실현을 위하여 적정한 면적인지의 여부.

· 전용하려는 농지가 경지 정리된 토지인지 또는 수리시설 등 농업생산 기반 정비사업이 되어있거나 또는 집단화되어있는 농지인지의 심사.

· 인근 농지의 농사 및 농어촌 생활환경의 유지에 피해가 예상된다면 그 피해 방지 계획이 타당하게 되어있는지의 여부 심사.

· 용수를 취수할 때 시기, 방법, 수량 등이 농·수산업 또는 농·어촌 생활환경 유지에 피해가 있는지에 대한 심사.

· 사업 계획 및 자금 조달 계획이 농지전용 목적의 실현에 적합하게 수립되는지의 심사.

③ 농지전용 허가 심사의 처리 기간은 시·군·구청市·郡·區廳은 15일,

시·도는 25일 정도 소요된다.

④ 허가 통보는 '가'의 농지전용 허가 신청서와 각종 허가·구비 서류상의 하자가 없으면 허가 통보를 한다.

⑤ 허가증의 발급은 농림축산식품부 장관이나 그 권한을 위임받은 특별시장, 광역시장, 도지사 및 시·군·구청장은 농지전용 허가를 하는 경우에 농지 보전 부담 금액 납입 확인 후 농지전용 허가 대장에 이를 기재하고 농지전용 허가증을 신청인에게 발급한다.

● 농지전용할 때 발생하는 몇 가지 부담금

① 농지전용 부담금농지 보전 부담금: 농지를 대지 등으로 바꾸면 그만큼의 농지가 줄어들어 새로운 농지를 만들어야 한다는 취지로 징수된 부담금은 농지 관리 기금으로 운용된다. 농지전용 부담 금액의 계산 방식은 **전용 허가 면적**㎡ × **전용 농지의 개별 공시 지가**원/㎡ × **30%**이다. 하지만 ㎡당 50,000원을 초과하는 경우 상한액을 50,000원으로 정하고, 공시지가의 상한선은 평당 165,000원이다.

② 이행 보증금: 개발 행위 허가가 나면 농지에 허가가 난 상태로 공사를 해야 하지만 원래대로 이행하지 않았을 때를 대비하여 해당 관청에 이행 보증금을 납부하여야 한다.

③ 개발 부담금: 용도 변경을 위해 개발 행위나 건축 행위를 위해 지목이 전田 또는 답畓에서 변경되어 대지가 되면 일반적으로 토지 가격이 상승하는데, 이런 토지값 상승분에 대한 것을 국가가 일정액의 세금을 부과하는 것이다. 개발 부담 금액의 공식은 **개발 이익-개발 비용×25%=부담금**이다.

먼저 농지는 도시 지역 내의 농지와 비도시지역의 농지로 구분된다. 토지 이용 계획 확인서의 기재 사항 중에는 용도 지역을 구분하는 항목이 있다. 이를 자세히 살펴보면 용도 지역 항목에서 도시 관리 계획에 의하여 결정된 도시 지역, 관리 지역, 농림 지역, 자연환경 보전 지역 네 가지 지역으로 구별되어 표기된다.

여기에서 관심을 가질 부분은 이와 관련한 농지이다. 농지는 다음과 같이 구분할 수 있다.

ㄱ. 도시 지역 내의 주거 지역, 상업 지역, 공업 지역 내의 농지.
ㄴ. 녹지 지역의 농지.
ㄷ. 자연 취락 지구로 지정된 농지.
ㄹ. 비도시 지역의 농지 등으로 구분할 수 있다.

● 관심 가져야할 농지

① 한계 농지

다음은 농지전용 허가의 특례인 한계 농지限界農地에 대하여 이야기를 하겠다. 한계 농지란 농업 진흥 지역, 즉 농업 진흥 구역과 농업 보호 구역이 포함되지 않은 농지로서 토질이 나쁘고 비탈이 심해서 생산성이 떨어지고 최상단부에서 최하단부까지 평균 경사율이 15도 이상으로 경사도가 심하고 돌이 많아 농기계가 작업하기 어려워서 농사를 포기했거나 포기할 수밖에 없는 농지이다.

이러한 한계 농지가 서울 수도권에만 약 6,600만㎡약 2,000만 평이 있고, 전국적으로는 약 3,762십 만㎡약 114백 만 평으로 우리나라 총 경지 면적의 약 20%로 대단한 면적이다.

서울·수도권 농업 진흥 지역 외의 자투리땅 대부분이 한계 농지이다. 특히 농어촌 관광 휴양 단지, 관광 농원, 관광 숙박 시설 등 농·어촌 관광 휴양 자원을 개발하고 이용하기 위한 시설의 설치 등을 할 수 있어 관심을 갖는 것이 좋다. 또한, 대체로 공기 맑고 숲이 우거지고 인가人家와의 거리가 떨어진 한적한 곳에 위치한 경우가 많으므로 전원 주택, 펜션, 휴양 시설, 등 에코 하우스 등으로 투자가 적당하다.

② 영농여건 불리 농지

한계 농지는 〈농어촌정비법〉에 따른 개념이고, 영농여건 불리 농지는 〈농지법〉에 따른 용어로서 서로의 차이점을 알아야 한다.

영농여건 불리 농지는 농업 경영에 이용하지 않더라도 도시민들이 소유할 수 있도록 규제 완화를 목적으로 지정되는 것인데 반해, 필요에 따라 개발을 목적으로 하는 한계 농지와 구별된다.

이상 위에서 본 토지들은 현재는 도로가 없어 황폐화되어 있지만, 지적도에는 도로가 표기된 땅이 있다면 매입을 하고 측량을 하여 도로를 확보하고, 도로를 개설하는 방법도 적극적으로 추천할 만한 방법이다.

투자비가 많이 들 수도 있겠지만 도로를 개설하여 접근성을 높인다면 지가가 매우 상승할 것이다.

③ 간척지 농지

2019년 6월 〈농지법시행규칙〉을 발표하여 재생에너지와 관련된 농지는 염분기, 즉 소금기가 있는 간척지인 절대 농지가 해당한다. 실제로 염분 농도가 많은 농지는 농사용으로 적합하지 않으므로 이러한 농지를 활용하는 것이다.

④ 농림 지역

농림 지역이란 말 그대로 농업과 임업을 주목적으로의 토지 이용을 원칙으로 하는 지역이다. 투자 물건에서 농림 지역은 제외하는데 이것은 잘못된 생각이다. 보통 5년 단위로 재정비하는 도시 관리 계획을 집행하는 경우

1 도시 지역 확산으로 시가지화 예정 용지로 변경 고시되는 경우

2 농림 지역 내의 농지나 임야가 주변의 개발 압력과 여건에 따라 관리 지역으로 변경되는 경우가 있다.

예를 들면 예전의 서울특별시도 현재와 같이 확산되기 전에는 농림 지역이었고 특히 제1 외곽 순환 도로를 따라 생긴 일산 신도시, 성남시, 안양시, 하남시 등의 도시들이 예전에는 농림 지역인 곳들이다. 현재 진행 중인 제2 외곽 순환 도로도 마찬가지이다.

# 제16장

# 보전산지

우리의 산지 이용은 과거로부터 제한적으로 허용되어 왔음에도 불구하고 최근 들어 부동산 가격의 급격한 상승에 따라 이용 가능한 토지의 부족 문제가 중요한 쟁점으로 부각되면서 산지 이용에 대한 관심이 더욱 높아지고 있다.

정부는 산림 보호 정책으로 방풍림, 보안림산림 보호 구역, 채종림採種林, 사찰림, 등의 특별한 목적의 산림은 보존하며 한반도의 골격을 이루고 있는 백두대간, 명승지, 계곡, 자연공원을 산지전용 제한 구역으로 지정하여 개발을 엄격히 제한하고 있다.

산림은 공익용 산지로 지정하여 도로, 철도, 군사, 전력 개발 등 국가의 공공 목적에 한하여 최소한의 이용에만 허용한 결과 민둥산의 산림이 오늘날과 같이 울창한 모습으로 푸르게 되었다. 정부의 종합적인 치산 녹화 계획, 화석 연료의 대체, 개발 제한 구역 등의 강력한 보전산지 정책의 결과인 것이다.

1997년 산지 이용 체계 재편은 산림 경영에 적합한 산림은 생산 임지로, 산림의 공익 증진을 위하여 보전할 필요가 있는 산지는 공익 임지로 개발 가능성이 높은 산지는 준보전 임지로 구분하였다.

2003년에는 〈산지관리법〉이 〈산림법〉에서 분리하여 제정되었는데 이는 사회적으로 문제가 된 산지의 난개발을 종합적이고 체계적으로 관리하고, 친환경적인 산지 이용 체계를 구축하기 위한 것이었다. 그리하여 보전산지와 준보전산지로 개편하고 보전산지는 임업용 산지와 공익용 산지로 구분하였다.

1980년대 우리나라의 경제가 부흥기를 맞이하며 부동산 중 투자로 많은 수익을 낸 것은 임야였다.

권력자들의 부패腐敗한 행태는 전국의 임야를 상대로 하였으며 그들의 파렴치한 행동은 '묻지 마 투자'와 '기획 부동산'을 잉태시키고 말았다. 일반 투자자들은 아무런 투자 계획도 없이 즉흥적으로 그들을 따라 투자를 하였지만, 당시의 시세보다 훨씬 비싸게 매입하는 우遇를 범하면서 투자 손실을 보거나 매매가 되지 않아 투자 자금이 상당한 기간 묶여 손해를 본 사람들이 많았다.

이때가 투기 및 투자가 절정에 달한 시기로 산지가 외지인의 소유로 많이 넘어갔다.

1990년 부동산 실수요자 취득을 골자로 하는 '임야 매매 증명 제도'를 시행하자 거래에 발목이 묶이기 시작하였고, 토지 거래 신고 및 허가 구역의 확대로 외지인의 매입은 사실상 어렵게 되었다.

여기서 '임야林野'란 무엇인가? 에 대해 알 필요가 있다. 임야는 지목상의 명칭으로 원래 산림원야山林原野의 준말이다. 법에는 산림山林 또는 산지山地라고 부르기도 하지만 같은 말이다. 산지를 학문적으로 표현할 때 입목이나 죽이 집단으로 생육하고 있는 토지라고 한다. 산지란 산의 토지라는 뜻으로 우리가 알고 있는 산이 바로 산지이다. 지목상으로는 임야로 되어있는 토지다.

산지는 집단으로 생육하고 있는 입목과 그 토지 그리고 그 안에 있는 암석지, 소택지沼澤地: 늪과 못이 있는 땅, 임도林道 등으로 정의하고 있으며 농지, 주택지, 도로, 과수원 등은 산지에서 제외한다.
산지의 사전적 의미는 들이 적고 산이 많은 지대를 말한다. 여기서 사용되는 산지는 경사지상 등의 토지로서 구릉지, 임지와 같은 의미를 지닌다. 즉, 산지는 나무가 있어 임지의 특성을 지니고 있을 수도 있으며 반면 초지草地, 농지 등과 같이 여타 용도로 활용되고 있는 경사지를 의미한다.

산지보다 낮은 구릉 또는 구릉지는 저산성 토지로 대체로 300m를 기준으로 사용하고 있다. 일반적으로 산지를 뜻할 때는 지형적, 기복량起伏量, 고도 등이 사용된다.
우리 정부는 '토지 분류 조사'에서 경사 5~10도, 기복량 100m 이내로 된 지형을 구릉, 기복량 100m 이상을 기준으로 고도 200~400m를 저산성 산지低山性山地, 400~800m를 중산성 산지, 그리고 800m 이상을 고산성 산지로 구분한다.

그러나 지목에 의하여 산림을 정의할 경우 지목은 임야가 아니지만 사실상 입목이 생육하고 있는 많은 토지가 산지에서 제외되고, 반대로 지목은 임야지만 사실상 현지에서는 농지나 잡종지까지 산지에 포함되는 것도 있다.

지목이 실제 토지 이용과 일치하지 않은 경우가 많기 때문에 어떤 단일한 기준으로 산림이나 산지를 정의하기는 어려움이 있다.

임야는 산림 및 원야原野를 이루고 있는 수림지樹林地: 침엽수, 활엽수가 자라는 지역, 죽림지竹林地, 암석지巖石地, 자갈땅, 모래땅, 습지 및 황무지 등의 토지를 말한다.

토지 대장, 임야 대장에는 지목이 임야林野로 표기되어 있으나, 이런 경우는 산지에서 제외된다.

1. 농지초지 포함, 주택지, 도로.
2. 입목, 또는 죽대나무이 생육하고 있는 건물 울타리 내의 토지.
3. 과수원, 녹차 밭, 삽수揷穗: 꺾꽂이 순, 접수椄穗: 접가지, 즉 나뭇가지에 나무를 접붙이는 것
4. 임목, 대나무가 생육하고 있는 논두렁, 밭두렁, 하천, 제방, 구거溝渠, 유지 등은 예외다.

임야에 대해 간략히 이해를 돕기 위해 이야기를 하겠다.

산지는 〈산지관리법〉에 의해 보전산지保全山地와 준보전산지準保全山地로 분류한다.

보전산지는 임업용 보전산지와 공익용 보전산지로 나눈다.

임업용 보전산지는 산림 자원의 조성, 임업 경영 기반 구축, 임업 생산 기능의 증진을 위해 필요한 산지이다.

예를 들면 농림어업인의 주택 및 그 부대시설로서 자기 소유의 산지에 농림어업의 경영을 위하여 실제 거주할 목적으로 부지 면적 660㎡200평 미만, 농·어업인 또는 관상수 생산자가 3만㎡약 9,090평의 산지에서 관상수를 재배하는 행위이다.

공익용 보전산지는 자연 그대로 보전하기 위해 지정된 순수 임야이다. 대개 경치가 좋은 관광지, 자연 공원 지역, 사찰 등의 문화재 보호 구역, 상수원 보호 구역, 백두대간 보호 지역, 보안림, 잘 보전된 계곡, 희귀 식물 및 천연기념물 보전 지역, 동·식물 생태 보전 지역, 특별도서特別島嶼, 즉 무인도 등 공익을 위해 보존을 위주로 한 임야로서 개인의 개발이 엄격히 금지되어 있어 가능하면 이런 곳은 투자하면 안 되는 곳이다.

방풍림防風林, 채종림採種林: 조림용의 생산 공급을 위해 만들거나 지정된 산림 등의 자연재해를 방지하기 위한 임야로 지정된 곳도 개발이 엄격히 금지된 곳이다.

공익용 보전산지에서도 산채山菜, 야생화, 관상수 재배, 농림어업인의 주택은 가능하다. 전국의 보전산지의 비율을 보면 공익용 산지가 26%, 임업용 산지는 51%, 준보전산지는 23%이다. 이것을 소유자의 비율로 구분하면 국유림이 24%, 공유림이 7%, 사유림이 69%나 된다.

단순한 생각으로 종합적인 검토 없이 자연과 경치에 취해서 이러한 보전산지를 매입하면 상당 기간 동안 자금이 묶일 수 있다.

종종 신문이나 방송에서 임야 소유자가 지가 상승 또는 개발 목적으로 자신의 산에 불을 지른다든가, 나무를 베어버린 경우, 나무를 일부러 죽이는 뉴스를 보는데 이는 지목 변경을 위해 보전산지를 준보전산지로 전환하기 위해 불법 행위를 하는 경우이다.

임야의 꽃은 지가 상승 또는 개발 목적으로 큰 수익을 올리는 것이 지목 변경이다. 임야가 대지 또는 공장 용지로 지목이 바뀌면 땅값은 큰 폭으로 상승한다.

정부는 임야에 대한 규제를 갈수록 더 강화하고 있다. 하지만 산림청은 10년마다 보전산지와 준보전산지의 타당성 조사를 해서 보전 가치가 없을 경우 준보전산지로 전환한다.

● 산지전용 및 협의 절차
〈산지관리법〉상 산지의 전용이란 산지를 조림·육림 및 토석의 굴취 채취, 입목 죽, 그루터기나무를 베어내고 남은 뿌리와 밑 부분, 초본류 등 식물류를 굴취, 채취하는 용도 외로 사용하거나 이를 위하여 산지의 형질을 변경하는 것을 말하고 있다. 다만 조림 행위장비를 사용한 조림지 정리 및 이식행위는 형질 변경으로 보지 않는다.

● 산지를 전용하는 제도
① 산지전용 허가 제도
② 산지전용 협의 제도
③ 산지전용 신고 제도

산지전용 허가 제도는 종전의 산림법에서 산지를 이용하는 행위를 보전 임지에서는 '보전 임지의 전용'으로 준보전 임지를 포함한 전체 산림에 대해 산림의 형질 변경으로 구분하던 것을 산지 전용으로 통합하여 보전산지 또는 준보전산지에 관계없이 허가 제도를 단일화한 것이다.

산지 관리 제도 중에서 산지전용 협의, 신고, 허가제도 중 산지 전용 허가 제도가 가장 핵심적인 기능을 하고 있다.

산지전용을 하고자 할 경우에는 그 용도를 정하여 산림청장의 허가를 받아야 하며, 허가받은 사항을 변경하고자 하는 경우에도 산지전용 허가를 받아야 한다.

산지전용 허가 신청은 산림청장에게 하며, 사업 계획서, 산지 내역서, 소유권 또는 사용 수익권을 증명할 수 있는 서류, 임야도 사본 및 지형도, 산지전용 예정지 실측도, 입목 축적 조사서, 복구 계획서 등의 서류를 제출하여야 한다.

산지전용 신청에 대한 현지 조사 및 심사는 산림청장이 실시한다. 이 중에서 50만㎡ 이상 산지전용 허가, 100만㎡ 미만일 때 보전산지 면적이 50만㎡ 이상 포함될 때 중앙산지관리위원회의 심의를 거쳐야 한다.

보전산지의 경우에는 10만㎡ 이상, 준보전산지는 100만㎡ 이상에 대해서만 산림청장이 허가권을 가지고 있고, 그 이하의 면적에 대해서는 일선 지방 자치 단체에서 전용 여부를 판단한다.

● 산지전용 시 신청 및 첨부서류
① 신청서의 첨부서류는 다음과 같다.
· 사업 계획서이다.
· 산지전용을 하려는 산지의 소유권 사용, 및 수익권을 증명할

수 있는 서류, 이는 토지 등기부 등본으로 확인이 불가능한 경우에 한하고 사용 수익권을 증명할 수 있는 서류에는 사용 수익권의 범위와 기간이 명시되어야 한다.

· 산지전용 예정지가 표시된 축적 25,000분의 1 이상의 지적이 표시된 지형도.

· 지적 측량의 등록을 한 지적 측량 업자가 측량한 축적 6,000분의 1부터 1,200분의 1까지의 산지전용 예정 실측도.

· 산림 경영 기술자가 조사 작성한 임목 축적 조사서.

· 복구 대상 산지의 종단도 및 횡단도와 복구 방법이 포함된 복구 계획서, 이 복구 계획서는 복구하여야 할 산지가 있는 경우 해당된다.

· 전용하려는 산지의 내력서.

② 현지 조사와 심사이다. 관할 행정은 대상 산지에 대하여 현지 조사를 하고 그 신청 내용이 허가 기준에 적합한지의 여부를 심사하여야 한다.

③ 전용허가 결정이 나면 대체 산림 자원 조성비 납부 고지서와 산지 복구비 예치 금액을 통지한다. 우리나라 산지의 평균 경사도는 대체로 10~20도이므로 통상복구비는 평당 65천 원이다.

④ 대체 산림 자원 조성비를 납부하고 토사 유출의 방지 조치, 산사태 또는 인근 지역의 피해 등 재해의 방지나 경관 유지에 필요한 조치 또는 복구에 필요한 산지 복구비를 예치하여야 한다.

⑤ 대체 산림 자원 조성비와 산지 복구비의 납부 및 예치 사실을 확인한 후 비로소 산지전용 허가증을 교부하거나 신고를 수리한다. 그리고 산지전용 허가를 받은 날로부터 전용 면적에 따라 2년에서 10년 이내에 공사에 착수하여야 한다. 하지만 1년

이상 사업에 착수하지 않거나 훼손된 산지의 복구비를 일정 기간 납부하지 않았을 경우 허가가 취소된다.

⑥ 산지전용 허가의 결정이다. 관할 행정청은 허가 기준에 적합한지 아닌지에 대한 결정을 한다. 토지의 투자는 현재의 가치보다는 미래의 예견된 가치를 보고 투자하는 사업이다. 그러므로 투자 시점에 바로 개발할 수 있는 토지보다는 앞으로 개발 압력이 많은 토지를 고르는 것이 매우 중요하다. 예를 들면 도시의 팽창으로 녹지 지역, 관리 지역이 도시 지역으로 될 수 있는 토지를 찾아야 한다, 그러한 토지에 해당되는 보전임지가 적당하다. 보전임지는 전혀 개발되지 않은 원시 그 자체이고, 개발이 매우 제한되는 관계로 거래도 거의 이루어지지 않으므로 매입 시 토지 가격이 매우 저렴하다.

● 산지 전용 부담금
대체 산림 자원 조성비로 통합하였다.
① 대체 산림 조성비
산지전용 허가 면적×(단위당 면적 금액+개별공시지가의 10/1000)
② 단위당 면적 금액
준보전산지: 6860원/m²
보전산지: 8910원/m²

보전산지는 무에서 유를 만드는 것이므로 몇 가지의 조건을 갖춘 산지를 고르는 것이 좋다.
[1] 도로가 접하고 있거나 도로를 개설할 수 있는 임지이어야 하고,

맹지는 피하는 것이 좋다.

2 임지 경사도는 20도가 넘지 않아야 한다. 20도가 넘게 되면 급경사에 해당하므로 개발하는 데 어려움이 있다.

3 반드시 관리 지역의 준 보전임지와 붙어있는 보전임지이어야 한다. 이유는 준 보전임지가 개발될 때 함께 개발될 확률이 높다.

4 산지에 있는 나무의 상태를 살펴보아야 한다. 나무의 수종나무의 종류을 입목 구성이라고 하는데, 나무의 평균 나이가 50년이 넘거나, 활엽수림이 50% 이하인 곳을 찾아야 한다. 또한, 나무 밀도의 크기를 입목 축적이라고 하며 이는 임야 소재지 시·군의 평균치보다 50%를 넘게 울창하면 개발 허가가 나지 않으므로 그 이하인 곳을 찾아야 한다.

산지에 투자할 경우에는 농지에 투자할 때보다 더욱 공법상 토지 이용 규제 및 개발 가치 등을 고려하는 것이 무엇보다 중요하다.

산지 전체 중에서 준보전산지는 23%이며 나머지는 보전산지이므로 투자자의 입장에서는 산지 투자가 어렵다고 하는 것이다.

그러나 모든 보전녹지의 공익용 산지를 투자 대상에서 제외하는 것은 아니다.

흔히 보전산지의 공익용 산지는 투자 대상에서 제외하고 있지만 단, 녹지 지역의 보전녹지 중 공익용 산지는 〈산지관리법〉이 아닌 〈국토의 계획 및 이용에 관한 법률〉의 적용을 받아서 투자할 수 있다. 투자자들은 전체 산지 중에 얼마 안 되는 준보전산지만 찾을 것이 아니라 보전산지도 법률을 세심하게 검토를 해보면 얼마든지 투자할 곳이 많다.

# 제17장

# 준보전산지

준보전산지는 '보전산지를 제외한 산지로서 임업 생산에 이용되거나 도시 계획 용도로의 이용, 도로, 택지, 산업 용지 등의 공급을 위하여 이용할 수 있는 산지'로 되어있다.

이는 입법 과정에서 개념 정의가 복잡하고 혼란스럽다는 일부 의원들의 의견을 수용하여 '보전산지를 제외한 산지'로 단순화하였다. 통상적으로 산지는 개발毁損하면 안 된다는 관념이 고착화되어 뚜렷한 준보전산지에 대한 정의는 없다고 본다.

준보전산지는 〈산지관리법〉상 보전산지를 제외한 산지를 말한다. 준보전산지는 보전산지보다 보존 가치가 덜한 곳이어서 주택이나 공장 등의 개발 용도로 사용이 가능한 산지로 적극적 투자 대상이 되는 곳이다.

산지로 표기되었지만 실제로 높은 산이 아니라 평지平地이거나 낮은 경사의 산처럼 생겼기 때문에 산지 중에서도 투자할 만한 가치를 가진 것이다.

## 1) 서류상 확인할 것

① 산지의 임야가 보전을 목적으로 한 것이 아니어야 한다.

② 산지전용 제한 지역이 아닌 곳이어야 한다. 산지전용 제한 지역은 가.와 같이 공익의 목적을 제외하면 성격상 보존의 목적이 강하기 때문에 산림청에서 엄격한 산지전용 제한 지역으로 고시하고 있어 이런 곳은 반드시 피해야 한다.

③ 〈산림법〉에서 보안림으로 지정되어 있지 않아야 하고 과거에 국고 보조금으로 조성한 조림지가 아니어야 한다.

④ 토지 이용 계획 확인원 열람 결과 당연히 관리 지역이어야 하나 때로는 농림 지역이라고 무조건 피해야 할 이유는 없다.

⑤ 임야에 투자할 경우 임야의 소유권자를 확인한다.

⑥ 등기부 등본으로 면적 확인, 지목 확인, 세금 체납 여부를 확인해야 한다. 면적 확인에서 임야의 경우 실제 면적의 차이가 있을 수 있다. 원래 토지를 매매할 때는 공부 면적 기준매매와 실측實測면적 기준 매매 방식이 있다. 일반적인 매매 방식은 공부 면적 기준으로 하나, 정확한 면적으로 하려면 실측 면적 기준이어야 한다. 이런 경우 매매 대금은 계약서상에 '실측 면적 기준實測面積基準매매 대금'이라는 문구를 기재하여야 문제가 생기지 않는다.

1필지의 일부 거래의 경우 '사후 실측을 토대로 정산한다'는 것을 명시해야 한다.

⑦ 토지임야 대장土地(林野)臺帳으로 면적과 지목을 확인할 수 있다.

⑧ 지적임야도地籍(林野)圖는 경계 확인, 지형地形, 지세地勢 확인, 인접 도로 확인, 지반의 형태와 구성을 확인할 수 있다. 임야는 경계선을 주로 능선, 계곡, 도로 및 하천 등의 기준으로 확인이 가능

하다. 대상 토지를 인접 토지에서 사용하고 있는 부분의 유무를 지적도 현황, 면적, 실측으로 확인 가능하다.

⑨ 5,000분의 1 항측도航測圖: 항공 사진 측량 현황도는 지형, 지세 확인, 인접 도로 확인, 지반의 형태나 구성을 확인할 수 있다.

⑩ 지질도地質圖는 지반의 형태와 구성을 확인할 수 있다.

⑪ 지반의 상태는 조성의 난이도, 비용, 용수 개발 및 건축 중 지반의 견고성 등에 영향을 미친다.

⑫ 제세 완납 증명서諸稅完納證明書와 기타 납세 관련 자료는 체납 여부를 확인할 수 있다.

## 2) 산지 현장에서 확인해야 할 것

① 임야의 개발 가능 경사도傾斜度는 지방 자치 조례로 정한다. 예전에는 경사도가 45도까지 허용하였으나, 현재는 지방 자치 단체가 정한 조례에 의해 25도 미만으로 정할 수 있도록 하였다. 이는 경사도가 높은 급경사지는 개발이 후 산사태 또는 붕괴 등의 우려가 있기 때문이다.

② 가장 중요한 것은 맹지의 경우 건축 허가가 나지 않으므로 개발을 위한 도로의 유무를 확인하여야 한다.

③ 분묘기지권墳墓基地權 여부를 확인하여야 한다. 분묘기지권이 있는 것과 없는 것의 산지값의 차이는 실로 대단하다. 분묘기지권이란, 분묘를 수호하고 필요한 범위 내에서 타인의 토지를 사용할 수 있는 권리를 말한다. 분묘기지권이 있는 토지나 무연고 분묘, 또는 연고 분묘가 있는 경우 개발하는 데 걸림돌이 되기 때문에 계약서에 중도금을 지급하기 전에 분묘 이장을 한다는 조건을 반드시 기재하여야 한다.

④ 산지에 있는 나무의 상태를 살펴보아야 한다. 산에서 자라는 나무의 수종樹種과 밀도密度, 그리고 크기도 산지전용 허가의 한 기준이 되는데 이에는 입목 구성과 입목 축적 기준에 적합하여야 한다. 나무의 평균 나이와 50년 활엽수림이 전체 나무 중 차지하는 비율을 입목 구성立木構成이라 하는데, 나무 평균 나이가 50년 이상이나 또는 활엽수림이 50% 이하여야 한다.

⑤ 산지를 개발하기 위해서는 주변 상황도 잘 살펴보아야 한다. 연접 개발 제한連接開發制限이라는 것이 있어 용도별로 개발 면적을 제한하기 때문이다. 예를 들어, 관리 지역일 경우 인근에 30,000㎡약 9,090평 이상의 개발 허가를 받은 곳이 있는지 확인해야 한다. 산지 매입 예정지로부터 직선거리 500m 이내에 먼저 허가받은 곳이 있다면 그 이상의 면적에 대해서는 허가가 나지 않는다. 또한 30,000㎡ 이하라 하더라도 자신의 개발 예정 면적과 합쳐 30,000㎡를 초과하면 그 초과분은 허가가 나지 않는다. 하지만 2003년 10월 31일 이전 이미 허가가 난 곳은 가능하다.

⑥ 산지에 있는 나무들의 소유권이 다를 수가 있다. 예를 들면 산지에 과실나무가 있거나, 조림이 잘되어 있다면 토지와 별개로 〈입목에 관한 법률〉에 의해 별도 입목 등기가 있을 수 있다. 팻말을 부착하거나, 나무껍질에 표시하여 제3자가 보기에 수목의 집단 소유권자가 누구라는 것을 명확하게 알 수 있도록 하는 명인방법明認方法은 토지 소유권과는 별개로 다루어져 소유권의 객체로 인정이 되므로 거래 대상물에 해당 수목들이 포함되는지를 반드시 확인해야 한다.

⑦ 산지에 암석巖石이 많은 곳은 비용과 시간이 소요되니 피하라

고 한다. 약간의 암석이 있다면 조경석으로 활용하고 많이 있으면 건설 현장에서 사용하면 개발 비용을 절약할 경우의 수도 있고 채석장으로도 활용할 수 있다. 예를 들면 영동 지구 개발 당시 암석이 많아서 안 팔리고 쓸모없던 부지 약 62,000㎡18,787평은 쌍용 건설이 매입하여 강남구 대치동의 쌍용 1·2차 아파트 건설 현장의 골재로 활용하여 비용을 상당히 절감하였다.

⑧ 산지의 방향은 햇볕이 잘 드는 남향이나 남동향이 좋다. 하지만 겨울 스포츠인 스키장이라면 햇볕이 적게 드는 북향이 입지적으로 더 좋을 것이다.

⑨ 산지 매입의 필요한 조건으로 접근성과 생활 편의성을 무시할 수 없다.

⑩ 산지나 산지 인근에 고압선이 있는지 확인하고, 수변구역水邊區域인지도 확인해야 할 것이다.

⑪ 인근에 전기, 수도, 도시가스가 있는지도 확인해 볼 사항이다.

⑫ 산지가 있는 시·군·구 소재의 건축 설계 사무소 또는 토지 측량 설계 사무소 2~3곳을 방문해서 개발에 대한 상담을 하는 것이 좋다. 그 이유는 각 지방 자치 단체마다 산지 개발에 대한 조례가 다를 수 있기 때문이다.

⑬ 현장 답사 후 해당 시·군·구청을 방문하여 계획대로 토지 이용을 할 수 있는지를 확인해야 한다.

⑭ 가능하면 산지 소재의 부동산 중개 사무소 2~3곳을 방문하여 시세 또는 여러 가지의 정보를 얻는 것이 좋다.

● 추가로 현장 확인해야 할 것
ㄱ. 지목이 공부상의 지목과 현장 확인의 지목과의 일치되는지 확

인해야 한다.

ㄴ. 경계 확인境界確認이다. 이는 토지를 인접 필지에서 사용하는지의 유무를 확인하는 것이다.

ㄷ. 지형地形, 지세地勢의 형태 확인이다. 이는 지적도에 의해 판단하지만, 상당히 불규칙해서 개발할 수 없을 경우 용도 변경이 곤란할 수 있다. 이런 부분은 쉽지는 않겠지만 매도자와 원만히 해결해서 매입면적에서 제외하는 것이 좋다.

ㄹ. 도로 부분은 반드시 확인하여야 한다.

ㅁ. 산지 현장 확인을 할 때 전문가와 함께 확인하는 것이 많은 도움이 된다. 산지는 위치, 형태, 기타 공법상 규제들은 일반인이 알고 있는 것보다 더 높은 수준의 체크 리스트가 필요하기 때문이다.

ㅂ. 보통 임야의 축척縮尺은 6,000분의 1이다. 즉, 자尺로 1cm가 임야도상에서는 60m이다. 그리고 지적도地籍圖는 축척이 1,200분의 1자로 1cm는 지적도상 12m이니 축척이 달라서 하나의 도면圖面으로는 볼 수가 없다.

● 신청서의 첨부 서류

ㄱ. 사업 계획서이다. 사업 계획서의 내용은 산지전용의 목적, 사업 기간, 산지전용을 하려는 산지의 이용 계획, 토사土砂 처리 계획 및 피해 방지 계획 등이 포함된 것이어야 한다.

ㄴ. 산지전용을 하려는 산지의 소유권 사용, 및 수익권을 증명할 수 있는 서류, 이는 토지 등기부 등본으로 확인이 불가능한 경우에 한하고 사용 수익권을 증명할 수 있는 서류에는 사용 수익권의 범위와 기간이 명시되어야 한다.

ㄷ. 산지전용 예정지가 표시된 축적 25,000분의 1 이상의 지적이 표시된 지형도.

ㄹ. 지적 측량업의 등록을 한 지적 측량업자가 측량한 축척 6천분의 1부터 1천 2백분의 1까지의 산지전용 예정 실측도豫定實測圖

ㅁ. 산림 경영 기술자가 조사 작성한 임목 축적 조사서

ㅂ. 복구 대상 산지의 종단도縱斷圖 및 횡단도橫斷圖와 복구 방법이 포함된 복구 계획서, 이 복구 계획서는 복구하여야 할 산지가 있는 경우에 해당된다.

ㅅ. 전용하고자 하는 산지의 내력서


준보전산지는 보전산지보다 보존가치가 덜한 곳이어서 개발이 가능하고 산지 중에서도 적극적으로 투자대상이 되는 땅이다.

준보전산지는 산지매입 후 어느 정도 보유시간이 흐른 후 상당한 가격이라고 판단이 되면 통째로 매각하는 것이다. 여기서 주의해야 할 것은 산지를 매입한 후에 그 상태로 처분하는 것이 좋다. 간혹 어느 투자자는 산지값을 높이려고 상황에 따라 때로는 형질을 변경成形시키는 경우가 있지만, 매입자의 입장에서는 그러한 것을 원하지 않는다.

그 이유로 형질 변경 비용과 소유자의 이윤을 더하게 되면 값이 시세보다 훨씬 상승하게 된다. 대부분의 매입 예정자들은 자신들의 개발 계획대로 이용하려고 본래의 지목을 찾는다.

# 제18장

# 그린벨트

세계의 어느 나라든지 한정된 토지를 잘 이용하기 위해 토지 이용을 적절히 규제하고 있다.

1580년경 극빈국인 영국을 유럽의 최강국으로 만든 영국의 엘리자베스 1세Elizabeth I: 1533~1603 통치 시절 주거지 과밀 현상과 빈민들의 집중을 방지하고, 전염병 예방을 위해 런던 시가지 주위에 설치한 것이 그린벨트, 즉 개발 제한 구역Development Restriction Area의 시초始初라고 한다. 일본, 오스트리아, 호주, 뉴질랜드, 프랑스, 등 여러 나라도 시행하고 있다.

도시 주변의 녹지 공간을 보존하며 개발을 제한하고 자연환경을 보존하자는 취지로 1950년대 영국에서 처음으로 시행되었고. 1993년에 이르러 8,456㎢ 2,536백 만 평로 오히려 증가하였다.

● 증가한 이유

[1] 개발 제한 구역의 주민들은 대부분이 우리와는 다르게 중산층으로 이들은 자연 상태의 개방성을 선호하여 개발 제한 구역의 보

전을 강력히 지지하였다.

② 개발 제한 구역 내 대토지 소유자는 농부, 왕실, 주택 사업자이
지만 이들은 극히 소수이기에 가능하다.

③ 일반 시민이나 개발 제한 구역을 보호하려는 시민 환경 단체들
도 적극적으로 보전하려 하므로 국민들의 폭넓은 지지를 받고
있다.

하지만 절대적인 보전보다는 장기적으로 주택 문제 등의 다른
지역 정책과 연계하여 필요한 경우 구역 조정을 시도하고, 융통성
있게 제도를 운영하고 있다.

미국의 경우는 특이하게 강제 규제성을 갖지 않는 개발권 양도
제Transfer of Development Right, TDR를 두고 있다. 이는 도시화가 급속
히 진행되어 인구가 증가하면 해당 지역의 개발권과 이용권을 분
리하여 지역 문제를 해결하려는 제도이다. 토지 이용권을 분리하
여 지역 문제를 해결하려는 제도로 토지이용권은 토지 소유자에
게, 개발권은 공공 기관에 양도하는 제도이다.

이처럼 상충하는 이해관계의 조정방안으로 토지 소유권으로부
터 개발권을 분리하는 방안이 있는바, 이러한 생각은 중세 이전까
지만 하더라도 유럽에서는 오히려 보편적인 사상이었다.

사유 재산 절대의 원칙에 따라 개발권은 소유권의 한 권능權能으
로서 분리될 수 없는 것으로 인식되었으며, 우리나라도 〈대륙법〉
계의 영향을 받았다.

오늘날 국가는 양적으로 한정된 국토 공간國土空間을 보다 효율적으로 이용하고 개발과 보전의 조화를 위하여 토지 이용 계획을 적극적으로 수립, 시행해야 할 책무가 있다.

도시 계획 제한에 대해 재산권의 박탈에 이르는 공용 수용公用收用이나 공용 사용公用使用과는 달리 그 제한의 근거 법률에서 보상 규정을 두지 않는 것이 일반적이었기 때문에 민원이 극심하였다.

그러나 계획 제한이 공공복리를 위해 그 정당성이 부여된다고 하더라도 제한 그 자체에는 한계가 있다. 아무리 공공복리를 목적으로 한다고 하더라도 무제한적 제한은 있을 수 없다.

공공복리의 내용이 시대에 따라 변천을 거듭하고 오늘날 입법이나 학설을 통해 그 범위가 점차 확대되고 있다고 해도 재산권의 제한은 일정한 한계 아래서만 허용된다 할 것이다.

공익을 전제로 하는 제한이 수인한도受忍限度를 넘어 특별한 희생에 해당될 때 정의와 공평의 견지에서 전체의 부담으로 조절하는 보상 제도가 불가피하다.

개발 계획 제한을 포함한 공용 제한에 관한 대부분의 법률은 보상에 관한 규정을 두고 있지 않은 것이 일반적이다.

그러나 이와 같은 목적의 법률이라도 그 구체적 적용에서는 재산권의 사회적 제약을 넘어서는 특별한 희생 또는 과도가혹한 부담에 해당하는 예외적인 경우가 있을 수 있다.

독일은 선진국 중 가장 강력하게 개발 규제를 시행하는 나라로 '개발 허용 지역'과 '개발 억제 지역' 2 지역으로 구분한다. 독일의 전 국토는 사실 개발을 제한하는 구역에 해당된다고 하겠다.

정부는 1971년 1월 19일 〈도시계획법〉 개정 법률에 의거하여 개발 제한 구역 제도를 시행하였다.

동년 7월 최초로 서울을 시작으로 하여 1977년 4월 18일 전라남도 여천 지역에 이르기까지 총 8회에 걸쳐 개발 제한 구역을 지정하였으며 전국 14개 권역에 총면적은 5,397㎢로 우리나라 전 국토의 약 5.4%에 해당한다.

개발 제한 구역 제도는 오랜 세월 동안 매우 엄격하게 지켜온 대표적인 도시 정책이다. 이 제도는 도시의 물리적 성장 한계를 강제적으로 설정함으로써 도시가 무질서하게 확산되는 것을 방지하여 도시 내부에 대한 토지의 이용을 집약적이고 효율적으로 유도하여 일정 부분의 개발 수요를 도시 주변 외곽으로 분산시키는 역할을 함으로써 도시의 균형 개발을 유도하였으며 도시 주변의 녹지綠地 등을 포함하여 아직 개발되지 않은 공간을 대량으로 확보하여 도시 환경 개선과 예측 불가능한 새로운 도시 개발 수요에 대응할 수 있는 공간을 확보하는 데 이바지하였다고 볼 수 있다.

개발 제한 구역은 국토의 계획 및 이용에 관한 법률의 용도 지역에 해당하는 녹지 지역과 구별되며, 개발에 있어 더 엄격하게 제한하는 성격을 가지는 영구적 내지 반영구적 보전녹지의 성격을 가지고 있고, 우리나라는 그린벨트Green Belt: 법률적으로는 〈도시계획법〉에 의한 개발 제한 구역라는 용어와 함께 사용한다.

그린벨트라는 용어는 국제적으로 통용되는 용어이고, 우리의 개발 제한 구역은 그린벨트의 국내법적 개념으로 이해할 수 있다.

이 법의 다른 목적은 도시 주변의 자연환경 보전이라 하는데 요즘음에 와서야 자연환경 보전이 무엇보다 강조되고 있는바 도시의 확산을 막는 또 다른 효과이다. 이 법은 박정희 대통령 주도하에 제정되었고 도시의 무질서한 확산 방지, 도시 인근의 환경 보전, 국가의 안보 문제, 상수원 보호 등을 목적으로 하였다.

그 당시 광화문 사거리를 기점으로 반경 15㎞에, 폭은 2~10㎞ 구간으로 정하였다. 그 후 8차례에 걸쳐 서울, 부산, 대구, 그리고 전라남도의 여수를 끝으로 총 5,397㎢약 1,613,700,000평를 지정하였다.

이것은 전 국토의 약 5.4%에 이르는 엄청난 땅이었다. 이를 세분하여 보면, 현 행정 구역으로는 1 특별시, 5 광역시, 36 시, 21 군에 걸쳐 지정되었다. 지목별로 대지는 1.9%, 농지는 22.6%, 산림은 66.2%, 그 외 기타 9.3%로 나누어져 있다.

그린벨트 지정 당시 대상 지역을 상급 관청에서 구체적으로 지정하지 않고 하급 기관에서 지정한 것을 주먹구구식으로 확정 지었다.

그러다 보니 당시 그린벨트의 취지를 제대로 이해하는 약삭빠른 지주地主들은 관련 공무원들의 협조하에 운 좋게 구역에서 제외되었고 순박한 지주들은 영어로 '그린벨트' 운운하니 굉장히 좋은 제도로 알았을 것이다. 어느 지주들은 자신의 땅이 지정된 사실조차 몰랐다는 것이다. 그린벨트로 지정되어야 할 곳은 안 되고, 그린벨트와는 별 상관이 없는 곳이 지정되는 등 엉터리 법이 되고 말았다.

그러나 개발 제한 구역에서 벗어난 곳은 산 정상까지 마구 파헤쳐져 흉물스러운 건물이 지어지고 그린벨트와는 상관이 없는 농가 주택, 농가 창고, 축사, 밭, 논, 심지어 재래식 화장실까지 보존되는 등 웃지 못할 일들이 벌어지고 말았다.

지금까지 그린벨트가 제정된 지 반세기가 되어가지만, 그 당시나 현재 지역 주민들의 삶의 질이나 열악한 생활은 전혀 바뀌지 않고 있다.

영국에서는 그린벨트를 생활의 즐거움으로 만끽하고 있으나, 우리는 전혀 느끼지 못하고, 재산상의 가치를 박탈剝奪당하고 있다.

현재까지 개발 제한 구역의 해제는 1980년대 후반부터 1998년에 이르기까지 총 46차례에 걸쳐 규제 완화를 하여 개발 제한 구역 내 개발 허용 범위를 확대하였다.

주민 생활 편익을 이유로 토지 이용 및 신·증축 건물의 규제 완화, 공공 및 공익 시설의 허용 범위 확대, 체육, 여가 시설의 설치 허용 등을 시행하였다.

정부에서는 그린벨트의 문제점을 완화하기 위하여 1999년에 '개발 제한 구역 제도 개선안'을 마련하여 대규모 취락 지역, 산업 단지 등을 우선 해제 지역에 지정하면서 2001년 제주권 그린벨트가 전면 해제되었다. 2002년에 춘천, 청주, 여수, 여천 등 4곳 2003년 전주에 이어 진주, 통영이 해제되었다.

그 후 수도권, 대구, 부산, 광주, 울산, 마산, 창원, 진해가 부분적으로 해제되었다.

그린벨트 땅은 도시의 개발과 팽창 앞에서 무한정 유지될 수 없는 속성도 지니고 있다. 언젠가는 투자자들에게 좋은 먹잇감이 된다는 점이다. 그린벨트 땅에 투자하면 모두 대박 나는 것은 분명 아니다. 그 이유는 그린벨트 땅은 이미 알려진 것보다 감추어진 것이 더 많이 있을 수가 있기 때문이다.

개발 제한 구역 투자의 최고 매력은 오랜 기간 개발 행위가 제한되어 와서 어느 지역보다도 값이 매우 저렴하다는 데 있다. 개발 제한에서 풀린다면 그동안 저공 비행하던 값이 고공 비행을 한다는 큰 이점이 있다. 이러한 개발 제한 구역 투자의 조건은 개발 제한 구역에서 해제될 수 있는 땅을 고르는 것이다.

개발 제한 구역의 투자 전략에 대해서 이야기를 하자면 투자 예상 지역과 투자 시 주의해야 할 지역이 있다.

1️⃣ 투자 예상 지역
① 그린벨트 지역은 민원이 많은 곳이라 주민이 많이 모여 사는 마을, 즉 집단 취락지聚落地가 좋은 곳이다. 주민들의 민원을 외면할 수 없기 때문이다.
② 도시 근교에 전철이 있는 곳이 좋다. 그곳은 역세권으로 접근성과 교통망이 좋아 유망하다.
③ 투자 금액이 부족한 경우 인근의 임야도 투자 2순위로 무난하다. 임야는 상대적으로 저렴하고 미래에 여러 가지로 개발 가능성이 많기 때문이다. 그렇다고 무조건 임야를 매입해서는 안 된다. 난개발을 방지하기 위해서 보존 가치가 높은 곳은 보존 녹지, 또는 자연 녹지로 지정하고 자연 녹지 중에도 경사도가

15% 이상은 개발 행위가 불허되니 주의를 해야 한다.

④ 불법 행위로 그린벨트 해제 예상 지역을 정치인, 관련 공무원들, 그 주변인들이 정보를 빼내서 투자하거나 아예 해제시켜 막대한 투자 이익을 챙기기도 한다. 일반 투자자 입장에서 이러한 정보를 습득하여 투자한다면 대단한 행운이라 하겠다.

⑤ 그린벨트가 해제되려면 환경 영향 평가 심사를 하는데 경사도, 표고, 농업 적성도, 임업 적성도, 수질 상태 등을 5등급으로 분류하여 1, 2, 3, 4, 5등급 중 심사 평가에서 3, 4, 5등급 받을 것으로 예상되는 곳을 주목해야 한다. 1, 2등급은 개발 및 건축 허가가 나지 않는다.

⑥ 수도권으로 고도가 높지 않고 보존 가치가 떨어지며 교통망이 좋은 땅을 눈여겨보아야 한다.

## ② 투자할 때 주의해야 할 지역

① 땅을 구입할 때는 반드시 현장을 확인해야 한다. 간혹 부동산 업자의 말만 믿고 현장을 확인조차 않는 경우가 있는데 이는 대단히 위험하다.

② 전문적으로 그린벨트만 다루는 브로커가 귀에 솔깃한 말로 투자·투기를 유인하는 경우이다. 이런 경우는 대개 확정도 안 된 것을 곧 사실인 것처럼 말하는 유혹에 조심해야 할 것이다.

③ 소문이 많이 난 곳은 피해야 한다. 이미 수많은 사람이 거쳐 간 곳이기에 나중에 개발되어도 프리미엄이 없을 것이다.

④ 조심해야 할 것은 공공 개발에 의해 수용收用될 곳은 저가의 토지 보상금에 각종 세금과 경비를 제하면 투자 실익이 없거나 오히려 투자 금액 회수도 안 되는 경우가 있으니 조심해야 한다.

⑤ 반드시 국토 이용 계획을 확인해서 개발이 어떻게 진행될 것인지를 확인해야 할 것이다. 왜냐하면 각 지방 자치 단체마다 개발 계획이 다를 수도 있기에 해당 자치 단체를 방문하여 공공 개발 지역, 민영 개발 지역, 또는 용도별 구역 지정 등을 확인해야 한다.

⑥ 국립 공원, 국가 중요 기관, 중요 사찰, 문화재 등 주변은 투자를 피해야 한다. 이런 곳은 거의 규제가 해제될 확률이 없다.

⑦ 신문에 종종 그린벨트 땅 투자를 홍보하는 광고는 특히 주의해야 한다. 만약에 홍보하는 지역이 앞으로 투자 가치가 있다면 그들은 비싼 비용 들여서 홍보하지 않을 것이다. 그러한 먹잇감이 필자에게 있다면 필자는 절대로 남에게 주지 않을 것이다.

계속되는 국토 개발로 인해 공급할 토지가 부족한 요즈음 도시 주변의 그린벨트 지역이 대규모로 풀려 개발되면서 그린벨트 토지에 대한 인식이 많이 바뀌고 있다.

아직은 해제解除되지 않았지만, 곧 해제 가능성이 있는 토지를 찾아서 투자할 수 있다면 대박을 터뜨릴 수 있을 것이다.

특히나 도시 개발 계획도 상에서 개발 계획에 포함된 땅은 엄청난 투자 효과를 볼 수 있다. 단지 개발 제한 지역 토지라는 이유로 투자를 망설이거나 부정적인 느낌을 받는다면 이는 미래에 대한 투자 안목이 부족하다고 하겠다.

예전에는 개발 제한 구역 땅이 별로 투자 가치投資價値가 없는 땅으로 인식되었다.

하지만 자연과의 친화 등 환경적인 요인이 주택 가격을 결정하는 데 중요한 역할을 하는 주택 단지, 그리고 산업 단지를 조성하려는 목적과 그리고 일자리 창출과 지역 경제 발전이므로 예전과 같이 블랙벨트Black Belt가 아닌 희망이 있는 그린벨트Green Belt의 시선으로 보아야 한다.

그린벨트 투자에 관심 있는 투자자라면 전국의 그린벨트 표시되어 있는 지도와 교통망이 함께 있는 지도를 보고 위에 열거한 내용을 합성한다면 분명히 좋은 투자처를 찾을 수 있다. 그린벨트 투자는 상기한 바와 같이 아주 치밀하게 접근을 하면 막대한 차액을 남길 수 있지만 그렇지 않을 경우 원금 회수는 물론, 단지 후손에게 물려주는 땅이 될 수도 있다.

# 참 고 문 헌

- 우리나라 주택 정책의 문제점 및 개선방안에 관한 연구(2005, 최지은)

- 집합 주택 단지 내 근린생활 시설과 주동 복합 건축물의 특성연구 (2004, 심형두)

- 중소형 근린 상가 매매 시장과 임대 시장의 특성과 연관성 (2017, 임지묵)

- 부동산 경·공매 제도의 비교분석을 통한 문제점 및 개선방안 (2009, 장창완)

- 우리나라 부동산 경매 제도의 변천 과정과 특성(2014, 김진우)